GOOD WILL HUNTING

GOOD WILL HUNTING
굿 윌 헌팅

초판 1쇄 인쇄 2006년 5월 16일
개정판 1쇄 발행 2015년 2월 8일

번역·해설 | 이일범
펴낸이 | 조치영
편집 | 스크린영어사 기획 1팀
디자인 | 남다희
인쇄 | 삼성인쇄(주)
펴낸곳 | 스크린영어사

서울특별시 관악구 대학동 1514번지
TEL (02) 887-8416
FAX (02) 887-8591
http://www.screenplay.co.kr

등록일자 1997년 7월 9일
등록번호 제16-1495

ISBN 978-89-87915-72-7 18740
ISBN 978-89-87915-11-1 18740 (세트)

GOOD WILL HUNTING

스크린영어사
Screen English Publishing co.

〈굿 윌 헌팅〉을 시작하며

굿 윌 헌팅을 시작하며… 현재 우리나라에서 벌어지고 있는 영어교육의 실태를 보면 걱정스러울 때가 많다. 유아를 비롯한 초등학생들부터 일반인에 이르기까지 너도나도 학원이다 과외다, 또는 어학연수다 하며 적지 않은 돈을 투자하면서 소위 영어회화 공부를 위해 온통 난리법석이다. 하지만 대학에 들어오는 학생들을 볼 때 과거에 비해 나아진 것이 없는 것 같다. 물론 국제화, 세계화의 바람을 타고 부모를 따라 해외에서 공부를 한 학생이 늘어났기 때문에 뛰어나게 영어회화를 잘하는 학생들이 눈에 띄는 것은 사실이다. 그러나 전체적으로 투자에 비해 별로 영어 실력이 향상된 것을 느낄 수가 없다.

왜 그럴까? 그것은 영어 실력이라는 것이 소위 회화, 독해, 문법, 작문, 단어 등으로 나뉘어 있다고 생각하는 그릇된 판단 때문이다. 영어 실력이란 영어를 입으로 구사하는 능력만을 말하는 것이 아니다. 쇼핑 때 주로 사용할 수 있는 표현이나 관광할 때 필요한 영어, 날씨에 관한 표현, 또는 인사나 소개를 할 때 유용한 기본적인 표현을 배우는 것이 영어 실력의 전부가 아니다. 3살짜리 유아가 "왓 츄어 네임"이라고 말했다고 흥분하는 부모를 보면 고등교육을 받았는지 의심이 갈 때가 많다. 진정한 영어 실력이란 말 그대로 영어를 잘해야 한다. 더구나 요즘은 인터넷을 통해 전세계로 영어를 주고받아야 하는 시대다. 영어를 잘한다는 것은 영어에 대한 종합적인 실력이지 한 곳에 편중된 실력이 아니다. 일전에 대학원 박사 시험 때 한 응시자가 답안지에 "자신은 국제회의를 주재할 정도로 영어를 잘 하는 사람인데, 좀 봐달라."는 내용의 글을 적어 놓은 것을 발견했다. 그런데 그 응시자는 토익 형태의 영어시험에서 최하점을 받았다. 이걸 어떻게 설명할 수 있을까?

영화는 영어 실력 배양에 있어 최고의 스승이다. 왜 많은 돈과 시간을 영어공부에 투자하는가? 영미 영화 속에는 현재 영국과 미국에서 쓰이는 국제영어란 보물이 그대로 살아있다. 재미를 보면서, 즐기면서, 인생을 논하면서, 아니 인생을 배우면서, 미래를 예상하고, 경제적 측면에서도 다양한 지식을 얻으면서, 자주 보고 듣고 쓰고 해 보라. 아마도 두 시간이라는 시간에 그렇게 많고 다양하고 흥미 있는 영어를 접할 수 있는 곳은 영화밖에 없을 것이다. 더구나 집에서 편안한 자세로 학습할 수가 있다. 재미있어서 웃는 동안, 슬퍼서 우는 동안, 원어민들의 문화를 느끼면서 살아있는 영어를 대하는 동안, 소위 말하는 영어회화, 영작문, 영어독해 등 종합적인 영어학습을 만끽할 수 있는 것이 바로 영화이다. 이런 자산, 이런 보물창고를 왜 무시하고 엉뚱한 곳에 돈과 시간을 투자하는가? 어린이로부터 성인에 이르기까지 자기 수준에 맞는 작품을 임의대로 선택해서 단계적으로 학습할 수도 있는 이 유용한 교재를 제쳐놓고 말이다.

여기 또 명작영화인 "굿 윌 헌팅(Good Will Hunting)"을 내 놓는다. 너무나 감동적인 드라마다. 더구나 그 배경이 보스턴의 하버드대학이다. 최고의 지성들이 웃고 울고 떠들면서 벌이는 감동에 빠져 보라. 그러면 정말 훌륭한 영어학습을 할 수 있을 것이다. 마치 여러분이 하버드 대학생이 된 것처럼 말이다. 스크린 영어를 통해 학습함으로써 더욱 발전된 영어사용자가 되기를 바란다.

진정으로 스크린 영어를 권하며

이일범

Contents

콜론(:)의 용법

한국어에는 거의 없는 용법이지만 영어에서는 많이 사용되는 중요한 용법이니 잘 알아두자.

1. 콜론 앞은 붙이고 (한 칸 띄우면 안 됨) 콜론 뒤는 반드시 한 칸 띄워야 한다.

2. 보통 3개 이상을 나열할(list) 때 콜론을 사용한다.

3. 콜론 앞의 문장이 완벽한 문장(complete sentence)이어야 한다.

· 콜론 앞이 명사로 끝나거나

· 콜론 앞이 the following 또는 as follows로 끝나야 한다.

4. 나열되는 명사들은 콤마(,) 또는 세미콜론(;)으로 구분해준다.

예: I have three favorite actors: Paul Newman, Woody Allen, and Harrison Ford.
We took the following: a tent; two sleeping bags; and a lantern.

굿 윌 헌팅

I'm just gonna put my money back on the table,
and see what kind of cards I get.
You do what's in your heart, son. You'll be fine.

Chapter 1

숨겨진 천재

A Hidden Genius

시간 00:00:00 ~ 00:11:12

INT. M.I.T. CLASSROOM. DAY

The classroom is packed with graduate students and Tom, Professor Lambeau is at the lectern. The chalkboard is covered with theorems.

LAMBEAU : Mod f(x) square, dx. So please finish Percival for next time. And I know many of you had this as under-graduates, but it won't hurt to brush up.

Lambeau picks up an apple on the table and throws it to a student.

LAMBEAU : Thank you, Steven..

Laughter.

LAMBEAU : I also put an advanced Fourier system on the main hallway chalkboard. I'm hoping that one of you might prove it by the end of the semester. Now, the person to do so will not only be in my good graces, but also go on to fame and fortune by having their

낮. MIT 대학 교실. 내부
교실은 대학원생들로 채워져 있고, 톰과 램보 교수가 강단에 서 있다. 칠판은 수학의 정리로 덮여 있다.

램 보 : 계수 f(x) 제곱 dx. 다음 시간까지 퍼시벌 증명을 해 가지고 오게. 많은 사람이 학부에서 배웠겠지만 복습하는 것도 나쁠 것은 없을 거야.

램보 교수가 테이블에 있는 사과를 집어 한 학생에게 던진다.

램 보 : 고맙네, 스티븐.

웃음.

램 보 : 또한 본관 복도 칠판에 푸리에 이론을 적어뒀으니, 누구든 학기 말까지 풀어주기 바란다. 그걸 푼 사람은 내 수제자로서 명예와 부를 얻게 될 것이며

- **lecturn**
  강단, 교단
- **theorem**
  수학, 논리의 정리, 법칙
- **Mod, modulu**
  (물리) 계수, (수학) 정수론(整數論)의 법(法)
- **Percival Lowell(1855~1916)**
  미국태생의 수학자 겸 천제물리학자
- **brush up**
  ~의 공부를 다시하다. 복습하다
  = improve one's knowledge of (something known but partly forgotten) by study
- **Jean Baptiste Joseph Fourier (1768~1830)**
  프랑스 태생의 수학자 겸 물리학자. 푸리에 해석(주기 함수를 사인 함수와 코사인 함수의 합으로 나타낸 것)을 창안
- **graces**
  (영국 대학의) 칭호 수령 허가

accomplish-ment recorded and their name printed in the auspicious "M.I.T. Tech."

Lambeau holds up a thin publication entitled "M.I.T. Tech."

LAMBEAU : Former winners include Nobel Laureates, Field's Medal winners, renowned astro-physicists, and lowly M.I.T. professors.

Laughter again.

LAMBEAU : Well, that is all. If you have any questions, I'm sure that Tom has the answers.

A smattering of applause. Lambeau leaves and Tom comes up in his place. Students pack their bags.

INT. MAIN HALLWAY. LATER

Two students are looking at the Fourier system written on the chalkboard. Will wipes the floor with a mop. After the students disappear, he stops and looks at the chalkboard. He hears the door closed.

EXT. L STREET TAVERN. EVENING

INT. L STREET TAVERN. EVENING

The tavern is a bit more crowded than usual. Will and Chuckie walk back to their table, carrying beers. Krystyn, smoking a cigarette, smiles at Will who seems subdued.

KRYSTYN : Hi, Will.

WILL : Krystyn, how're you doin'?

KRYSTYN : I'm all right. How are you?

They pass the table of girls. Chuckie looks at one, ruefully.

그 성과가 기록되고 영예로운 MIT 테크지에 이름이 오르게 될 것이다.

램보교수는 'MIT 테크'라는 제목의 얇은 잡지를 들어 올린다.

램 보 : 이전 수상자 중에는 노벨상 수상자, 수학 수훈상 수상자, 저명한 천체 물리학자, 또 변변찮은 MIT 교수 등이 있다.

다시 웃음.

램 보 : 이상이다. 다른 질문이 있는 사람은 조교인 톰에게 물으면 대답해 줄 것이다.

형식적인 박수가 터진다. 램보는 강단을 떠나고 톰이 대신 올라온다. 학생들은 가방을 챙긴다.

그 후. 본관 복도. 내부
두 명의 학생이 칠판에 적혀 있는 푸리에 이론을 보고 있다. 윌이 대걸레로 바닥청소를 하다가 학생들이 사라지자 멈춰 서서 칠판을 본다. 문이 닫히는 소리가 들린다.

저녁. 엘 스트리트 선술집. 외부

저녁. 엘 스트리트 선술집. 내부
술집은 보통 때보다 약간 더 붐빈다. 윌과 처키는 맥주를 들고 테이블로 돌아간다. 크리스틴이 담배를 피우면서 차분해 보이는 윌에게 미소를 짓는다.

크리스틴 : 안녕, 윌.
윌 : 크리스틴, 잘 지냈어?
크리스틴 : 괜찮아. 어때?

그들은 여자들의 테이블을 지나친다. 처키가 애처롭게 한 여자를 본다.

- **auspicious**
  경사스러운, 행운이 트인
  = giving, promising, or showing signs of future success
- **laureate**
  수상자, 영관을 받은 사람
- **renowned**
  유명한, 명성 있는
  = well known to the general public or to a limited group of people for a particular quality, skill, invention
- **smattering**
  수박 겉핥기(식 지식), 소량
- **mop**
  자루걸레
- **tavern**
  선술집
- **subdued**
  조용한, 억제된, 차분한
  = gentle, unnaturally or unusually quiet in behavior
- **ruefully**
  애처롭게, 슬픔에 잠겨.

How're you doing?
어떻게 지내?
(가장 흔한 인사말 중의 하나)
=How are you? = How's it going?

Zoom In

How're you doing?
어떻게 지내?

WILL : Good.

CHUCKIE : I didn't get on Cathy last night.

WILL : No?

CHUCKIE : No.

WILL : Why not?

CHUCKIE : I dunno. (to a girl) Cathy!

CATHY : What?

CHUCKIE : Why didn't you give me none of that nasty little hoochie woochie you usually throw at me?

CATHY : Oh, fuck you.

A girl at the table, Cathy, holds up her pinky finger and smiles.

CATHY : And your Irish curse, Chuckie. Like I'd waste my energy spreading my legs for that Tootsie Roll dick? Go home and give it a tug yourself.

MORGAN : Tootsie Roll! Toot, toots! (chuckles)

CHUCKIE : She's missing a tooth, Will. (sits beside Billy) She's got skin problems. I don't.... Plus, it's like five to two Morgan ends up marryin' her, you know what I mean? There's only so many times you can bang your friend's future wife. It's wrong.

Will's heart just isn't in it. He starts to leave.

CHUCKIE : Where're you going?

WILL : I'm gonna take off.

CHUCKIE : Fuck you, you're takin' off. It's, like... what? Ten o'clock?

WILL : No, I'm tired.

윌 : 좋아.
처 키 : 어제 캐시하고 별거 없었어.
윌 : 그래?
처 키 : 응.
윌 : 왜?
처 키 : 몰라. (한 여자에게) 캐시!
캐 시 : 왜?
처 키 : 늘 재미있어하더니 왜 어제는 섹스를 안 해주는 거야?
캐 시 : 정말 미치겠네.

테이블의 한 여자인 캐시는 새끼손가락을 들어 올리며 웃는다.

캐 시 : 쪼그만 녀석들 못 말린다니까! 거시기도 쪼그만 주제에 왜 그리 자주 보채는 거야? 집에 가서 혼자 놀아.
모 건 : 쪼그맣대! 뿜, 뿡! (낄낄거린다)
처 키 : 괜히 저러는 거야, 윌. (빌리 옆에 앉는다) 얼굴에 뭐가 나서 그런지. 이유를 모르겠어… 게다가 모건과 결혼할 가능성이 5대 2는 되거든. 친구 마누라랑 계속 붙어먹을 수는 없잖아? 그건 안 되지.

윌은 관심이 없다. 나가려 한다.

처 키 : 어디 가는 거야?
윌 : 집에.
처 키 : 짜식, 10시밖에 안 됐는데 코 박으려고?
윌 : 아니, 피곤해.

- **dunno**
  = don't know
- **nasty**
  구역질나는, 더러운, 음란한
  = very ugly or unpleasant to see, taste, smell
- **hoochie woochie**
  여기서는 자궁을 말함. 9이 말은 처키가 꾸며낸 말로 적당히 다르게 표현해도 무방함.)
- **pinky (finger), pinkie (finger)**
  새끼 손가락
- **Irish curse**
  아일랜드 남성의 성기가 작다는 데서 생긴 말
- **Tootsie Roll**
  툿시 롤(초콜릿 이름). 길이가 3센티미터 정도로 처키의 성기가 작다는 것을 표현함
- **dick**
  (비어)음경
- **give it a tug**
  고추를 당기다
- **take off**
  물러가다, 떠나가다, 출발하다
  = go away, esp. on a journey

You know what I mean?
내 말 알겠어?
= Do you know what I mean?

Zoom In

You know what I mean?

내 말 알겠어?

Will walks out.

CHUCKIE : Irish curse. You don't know. There ain't no Irish curse.

INT. WILL'S APARTMENT. LATER
Will writes the math problem on the mirror, solves it and then erases it.

INT. STREETCAR. LATE AFTERNOON
Will, lost in thought, sits alone in the streetcar. It runs through South Boston.

INT. M.I.T. HALLWAY. LATER
Will wipes the floor with a buffer and then writes something on the chalkboard.

INT. BATTING CAGE AT FUNLAND. NIGHT
The place is a monster indoor funpark. Will, Chuckie, Morgan, and Billy are in adjoining batting cages. Will pitches to Chuckie. Will throws one to Chuckie, high and tight. Will guns another one, way outside. Chuckie avoids being hit.

CHUCKIE : Out! Stop brushing me back.

WILL : Stop crowdin' the plate! Which one'll it be?

CHUCKIE : You're gonna get charged, you know that? Will guns another one. It hits Chuckie's shoulder.

WILL : (laughing) You think I'm afraid of you, you big fuck? You're crowdin' the fuckin' plate. Chuckie picks the ball and throws it to Will.

CHUCKIE : Hey, uh... Casey's bouncin' up a bar, uh... at Harvard next week. We should go up there.

WILL : What are we gonna do up there?

CHUCKIE : I dunno. We'll fuck up some smart kids. Prob'ly fit right in.

윌 나간다.

처 키 : 아일랜드 사내가 어때서? 힘만 좋구만.

그 후. 윌의 아파트. 내부
윌이 거울에다 수학문제를 써서 풀고는 지운다.

늦은 오후. 전차. 내부
윌이 전차에 혼자 앉아 생각에 잠겨 있다. 전차는 남부 보스턴을 지나간다.

그 후. MIT 복도. 내부
윌이 청소 도구로 마루를 닦다가 칠판 위에다 뭔가를 쓴다.

밤. 놀이공원 타격연습장. 내부
이곳은 거대한 실내 놀이공원이다. 윌, 처키, 모건, 그리고 빌리가 인접한 배팅장에 있다. 윌이 처키에게 공을 던진다. 윌은 처키에게 높고 회전이 빠른 공을 던진다. 그는 또 다른 공을 완전히 바깥쪽으로 던진다. 처키가 맞을까 봐 공을 피한다.

처 키 : 아웃! 그러다가 사람 치겠다.
윌 : 홈에 붙어있으니까 그렇지. 어떻게 할 거야?
처 키 : 자꾸 그러면 고소한다, 너.

윌이 또 공을 던진다. 그것이 처키의 어깨를 맞춘다.

윌 : (웃으며) 난 하나도 안 무서워, 짜샤. 그러니까 홈에서 좀 떨어지라고.

처키가 공을 집어 윌에게 던진다.

처 키 : 근데, 케이시가 다음 주에 하버드 대학 근처 클럽에서 경비 선대. 구경 한번 가야지.
윌 : 거기서 뭐 하게?
처 키 : 모르겠어. 똑똑한 놈들하고 한판 붙어보지 뭐. 넌 그 녀석들과 잘 어울릴 거야.

- **buffer**
  닦는 도구
- **monster**
  거대한, 강한
- **adjoining**
  인접하는, 부근의, 이웃의
  = being next to, very close to, or touching
- **way**
  훨씬, 월등히, 썩
- **brush back**
  〈야구〉 (타자) 몸쪽 가까이에 투구하다, 빈볼성 투구로 (타자가) 타석에서 피하게 하다, 타자의 몸에 스치는 속구를 던져 타자가 몸을 젖히게 하다
- **bounce up**
  ~의 경비를 서다
- **fuck up**
  ~에게 상처를 입히다, 학대하다
  = spoil, ruin
- **fit in**
  꼭 맞다, 조화하다

You're gonna get charged.
너 고소당할 거다. 너 고소할 거야.
• charge
고발하다, 비난하다(be 동사 대신 get를 쓰면 동작을 강조함)

Zoom In

You're gonna get charged.
너 고소할 거야.

Will fires a pitch at Chuckie's head. Chuckie dives to avoid being hit. He gets up and whips his batting helmet at Will.

CHUCKIE : Ow! Fuckin' punk. Oh, what's up? You still tough?

WILL : Com' on!

He runs to Will to fight him, laughing.

WILL : (laughs) Come on, come on. That's it.

EXT. M.I.T. CAMPUS LAWN. DAY

A Thirty year Reunion Party has taken over the lawn. A well dressed throng mill about underneath a large banner that reads "WELCOME CLASS OF 1972. MIT ALUMNI REUNION". We find Professor Lambeau standing with a drink in his hand, surveying the crowd. He is interrupted by an approaching girl student.

BARBERSHOP QUARTET : (sings) *I'd hold you forever here in my arms...*

GIRL STUDENT : Professor Lambeau?

LAMBEAU : Yes?

GIRL STUDENT : I'm in your applied theories class. We're all up at the Math and Science building.

LAMBEAU : Come 'ere... It's Saturday!

The girl student chuckles.

LAMBEAU : Unless you wanna have a drink with me tonight.

GIRL STUDENT : (chuckling) Maybe... We just couldn't wait until Monday to find out.

LAMBEAU : Find out what?

GIRL STUDENT : Who proved the theorem.

윌이 처키의 머리를 겨냥해 공을 던진다. 처키가 몸을 숙여 맞는 것을 피한다. 그는 일어나 윌에게 헬멧을 던진다.

처 키 : 오! 이 빌어먹을 놈! 무슨 짓이야? 한번 해보겠다 이거지?

윌 : 덤벼!

그는 그와 싸우러 웃으며 윌에게 달려간다.

윌 : (웃으며) 그래, 덤벼. 한번 해보자.

낮. MIT 캠퍼스 잔디밭. 외부

30주년 동창회가 잔디밭에서 열린다. 옷을 잘 차려입은 군중이 '환영: 1972년 MIT 대학 동창회'라 쓰여 있는 큰 현수막 아래 떼지어 서 있다. 램보 교수가 손에 술잔을 들고 군중을 탐색하면서 서 있는 것이 보인다. 한 여학생이 다가와 말을 건넨다.

남성4부 합창단 : (노래한다) *그대를 내 품에 영원히 안으리…*

여학생 : 램보 교수님이시죠?

램 보 : 그런데?

여학생 : 교수님의 응용수학반 학생인데요. 다들 강의실에 모여 있어요.

램 보 : 가까이 와 보게. 오늘은 토요일이야!

여학생이 킬킬 웃는다.

램 보 : 한잔 하자는 말이라면 또 몰라도, 그만 두게.

여학생 : (웃으며) 그것도 좋지만 월요일까지 참으려니 너무 궁금해서요.

램 보 : 뭐가 궁금해?

여학생 : 문제 푼 사람이 누군지 말이에요.

- **whip**
  세차게 때리다, 매질하다, 던지다
  = beat with a whip
- **reunion**
  동창회, 재회
- **throng**
  군중, 사람의 떼
- **mill around [about]**
  떼지어 빙빙 돌다, 정처 없이 움직이다
  = move about in a place with no fixed shared purpose, each person going in different directions
- **barbershop quartet**
  (무반주) 남성 4중창단(4부 합창).
- **What's up?**
  무슨 일이야? 왜 그래?
  = What's the matter?
  = What's wrong?
- **chuckle**
  킬킬 웃다
  = laugh quietly

Find out what?
뭘 알아낸다는 거야?
what은 Like what?(어떤 것?) What for?(뭐 때문에?)에서처럼 생략된 의문문에서 자주 쓰인다.
= What do you mean by "find out"?
= To find out what?

Zoom In

Find out what?

뭘 알아낸다는 거야?

INT. M.I.T. HALLWAY. LATER

Lambeau, still in his reunion formal-wear, strides down the hallway. A group of students have gathered in front of the chalkboard. He approaches and checks the proof. Satisfied, he turns to the students.

LAMBEAU : This is correct. Who did this?

Dead silence. Lambeau turns to a student.

LAMBEAU : Jack?

JACK : It wasn't me.

LAMBEAU : (to an Indian student) Nemesh?

NEMESH : (shakes his head in awe, chuckling) Nooo way.

EXT. LITTLE BASEBALL LEAGUE GAME. DAY

Will, Chuckie, Billy and Morgan stand on the stand of the playground, watching a little league baseball game.

CHUKIE : Come on, Joey, now!

WILL : Billy, McNamara's up.

CHUCKIE : Com'on, kid! Joey, dig it out! Dig it out!

MORGAN : Son of a bitch!

WILL : Bring it down, Mac! That's how to do it! Attaboy! Take two, take two, Mac.

BILLY : Hey, Morgan. Who's the girl with the striped pants? She's got a nice ass.

MORGAN : Yeah, that's a real nice ass.

BILLY : Who's the guy she's with?

MORGAN : That fuckin' guinea. I hate that little bitch. Will knows him.

WILL : Yeah, I do. Yeah. Fucking Carmine Scarpaglia. That guy used to beat the shit outta me in kindergarten.

그 후. MIT 복도. 내부
램보, 여전히 동창회 예복을 입고서 복도를 활보한다. 한 떼의 학생들이 칠판 앞에 모여 있다. 램보가 다가와 그 증거물을 검토한다. 만족한 채, 그는 학생들에게 돌아선다.

램 보 : 이거 정답이군. 누가 풀었지?

침묵. 램보는 한 학생에게 돌아선다.

램 보 : 잭, 자넨가?
잭 : 아닌데요.
램 보 : (한 인디언 학생에게) 네메쉬?
네메쉬 : (놀라 고개를 젓는다. 웃으며) 천만에요.

소년 야구 리그 경기. 낮. 외부
윌, 처키, 빌리 그리고 모건이 소년 야구 리그 게임을 보면서 운동장 스탠드에 있다.

처 키 : 한 방 날려, 조이!
윌 : 빌리, 맥나마라가 칠 차례야.
처 키 : 어서, 조이! 한 방 날려! 날리라구!
모 건 : 짜식!
윌 : 달려라 달려, 맥! 그래 그거야. 잘한다! 2루까지 달려, 맥!
빌 리 : 이봐, 모건. 저기 줄무늬 바지 입은 여자애는 누구지? 엉덩이 죽여주는데.
모 건 : 그래, 엉덩이 진짜 죽여주는데.
빌 리 : 옆에 있는 놈은 누구야?
모 건 : 재수 없는 이태리 놈이야. 난 조그만한 놈이 싫어. 윌도 잘 알지.
윌 : 그래, 알지. 재수 없는 스카파글리아야. 유치원 때 날 죽도록 패곤 했지.

- **stride**
  활보하다
  = walk with long steps or cross with one long step
- **in awe**
  경외심에서
- **dig it out**
  잘 골라 치다. 여기서 it는 ball을 말한다
  • dig out
  = find by searching
- **attaboy**
  (격려와 칭찬의 말) 잘한다, 좋아, 굉장한데
- **guinea**
  (경멸적인 말) 이탈리아 태생[계] 사람

beat the shit outta me
〈구어〉 몹시 때리다
(= beat me) (여기서 the shit out of 나 the hell out of, the fuck out of는 강조해서 들어간 말.)

Zoom In

beat the shit outta me
죽도록 패다

BILLY : That guy?

WILL : Yeah.

BILLY : Mm-hmm.

MORGAN : Fuck this. Let's get some food.

CHUCKIE : Oh, what, Morgan? You're not gonna talk to her?

MORGAN : Fuck her. (burps)

WILL : I could go for a Whopper.

MORGAN : Let's go to Kelly's.

CHUCKIE : Morgan, I'm not going to Kelly's just 'cause you like the takeout girl. It's 15 minutes out of our way.

MORGAN : What the fuck are we gonna do? We can't spare 15 minutes?

EXT. RESIDENTIAL QUARTERS IN SOUTH BOSTON. DAY

A panoramic view of residential quarters is seen under.

INT. CHUCKIE'S CAR. DRIVING IN SOUTH BOSTON. LATER

The boys drive down Broadway. Chuckie sorts through a large bag as he drives.

MORGAN : Double Burger?

Will holds the wheel for Chuckie as he looks through the bag.

MORGAN : (same tone) Double Burger. (singing) *Chuck, I had a double burger!*

CHUCKIE : Would you shut the fuck up! I know what you ordered, I was there!

MORGAN : So give me my fuckin' sandwich.

CHUCKIE : What do you mean "your sandwich?" I bought it.

Will smiles.

빌 리 : 저 새끼가?
윌 : 응.
빌 리 : 그렇구나.
모 건 : 젠장, 뭘 좀 먹으러 가자.
처 키 : 뭐야, 모건? 저 여자한테 말 안 하고 갈 거야?
모 건 : 관둬. (트림한다)
윌 : 난 와퍼 먹을래.
모 건 : 켈리네 가게로 가지.
처 키 : 모건, 네 여자가 거기 종업원이라고 맨날 거기 가냐? 게다가 15분이나 더 가야 하잖아.
모 건 : 뭐야, 친구를 위해 겨우 15분도 못 봐주겠다는 거야?

외부. 남부 보스턴의 주택가. 낮
주택가의 전경이 아래쪽에 보인다. 그 후, 처키의 차. 남부 보스턴을 달린다. 내부 소년들이 차창을 내린 채 브로드웨이 거리로 차를 몰고 간다. 처키가 차를 몰면서 큰 백에서 음식을 가려낸다.

모 건 : 난, 더블버거!

처키가 백 속을 뒤질 때 윌이 처키 대신 핸들을 잡는다.

모 건 : (같은 톤으로) 더블버거 줘. (노래한다) *처키, 난 더블버거를 시켰노라!*
처 키 : 좀 닥치지 못해! 네가 뭘 주문했는지 알고 있다고!
모 건 : 젠장, 그러니까 내 샌드위치나 줘.
처 키 : 네 샌드위치라니? 그건 내가 샀어.

윌이 미소 짓는다.

- **burp**
  트림하다
- **takeout**
  (요리를) 사 가지고 가는
- **panoramic view**
  전경, 개관적인 경치
- **quarters**
  (도시의) 특수 지구, 가(街), 지대, 지역
- **sort**
  가려내다, 추려내다

What the fuck are we gonna do?
뭘 하겠다는 거야? (여기서처럼 the fuck, the hell은 on earth, in the world처럼 강조의 표현)
= What the hell are we gonna do?

Zoom In

What the fuck are we gonna do?
뭘 하겠다는 거야?

CHUCKIE : How much money you got on you?

MORGAN : I said I'd get change when I get the snow cone. I said that before, when we pulled up. Why don't you just give me my sandwich, and stop being a prick?

CHUCKIE : All right, well, give me your fuckin' 16cents that you got on you now, and we'll put your fuckin' sandwich on layaway. Here we go.

Chuckie puts Morgan's sandwich on the board.

CHUCKIE : Keep it right up here for ya', and we'll put you on a program. Every day you come in with your six cents, and at the end of the week you get your sandwich...

MORGAN : Are you gonna be an asshole?

CHUCKIE : What am I? Your fuckin' sandwich welfare? I think you should establish a good line of credit.

Billy laughs.

CHUCKIE : Like how you bought your couch… payment plans. Remember how your mother brought in ten dollars every day for a year. She finally got a couch rent-a-center style…

MORGAN : Can I have my food now, please?

CHUCKIE : Here's your fuckin' double burger.

Chuckie whips a fish sandwich back to Morgan. Then Will finds Bobby Champa and his friends walking down the street. One of them casually lobs a bottle into a wire garbage can. It shatters and some of the glass hits a female passerby who, although unhurt, is upset.

처 키 : 대체 넌 몇 푼이나 가진 거야?

모 건 : 아이스크림 사면 잔돈으로 바꾸겠다고 했잖아. 주문하기도 전에 말했잖아. 헛소리 말고 내 샌드위치나 줘.

처 키 : 좋아. 그럼, 당장 가진 16센트만 내. 할부로 해줄 테니까. 여기 있어.

처키는 모건의 샌드위치를 앞쪽 보드 위에 놓는다.

처 키 : 자, 나머진 여기에 잘 넣어둘게. 매일 6센트씩만 내라고. 그럼 샌드위치는 주말에 줄게.

모 건 : 그렇게 쪼잔하게 굴 거야?

처 키 : 내가 누구야? 샌드위치 자원 봉사자냐? 그러게 평소에 신용관리를 했어야지.

빌리가 웃는다.

처 키 : 네 소파도 그렇게 샀잖아. 다달이 말이야. 네 엄마가 매일 10달러씩 1년이나 모았지? 결국, 소파를 할부로 산 거였잖아?

모 건 : 이제 내 샌드위치나 주시지?

처 키 : 그래, 더블버거나 처먹어라.

처키가 생선 샌드위치를 모건에게 던진다. 그때 윌이 거리를 걷고 있는 보비 캄파와 그의 친구들을 발견한다. 그중 하나가 철망으로 된 쓰레기통에다 병을 던진다. 그것이 산산이 부서져 유리 조각이 지나가던 여자에게 맞는다. 그 여자가 다치지 않았지만, 화를 낸다.

- **snow cone**
  빙수, 빙과
- **pull up**
  차를 세우다. (패스트푸드 점에서 음식을 살 때 차를 세우고 주문하기 때문에 사용된 말임.)
- **prick**
  〈비어〉 귀찮은(비열한) 놈.
  = a stupid or very unpleasant man
- **layaway (plan)**
  상품 예약 할부제
- **program**
  = layaway program
- **establish one's credit**
  신용(의 기초)을 굳히다
- **Rent-a-center**
  대여점(센터)
- **whip**
  (낚시줄)을 던지다
- **lob**
  낮고 느리게 던지다
  = send a ball in a lob lob (명사)
  = a ball hit or thrown in a slow high curve
- **shatter**
  산산이 부서지다.

Here we go.
여기 있다.
(물건을 내주면서 쓰는 표현, There you go. Here it is. 등도 쓰인다.)
= Here you go.

Zoom In

Here we go.

여기 있다.

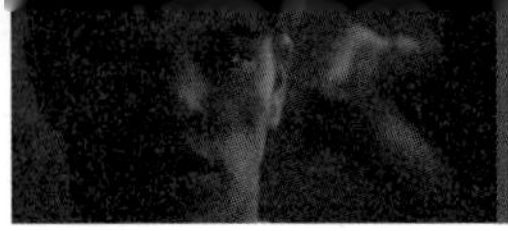

MAN1 : Whoa!

WILL : Hey, hold up, Chuck. Slow it down.

CHUCKIE : Who do we got?

WILL : I dunno, yet.

MAN2 : Hey, douche bag!

The woman says something to Bobby. He says something back. By the look on her face, it was something unpleasant.

MAN1 : Yeah, you, you shank face!

MAN2 : Shut the fuck up!

WILL : Get outta here.

CHUCKIE : What are you worried about? Why don't you lick my love stick?

MORGAN : We seen the guy 15 minutes ago. If we was gonna fight him then, but we're eating our snacks now.

CHUCKIE : Shut up, Morgan, you're goin'.

MORGAN : I'm not goin'.

CHUCKIE : So, don't go.

MORGAN : I'm not goin'.

Chuckie pulls over the car. Will is out of the door, jogging toward Bobby Champa. Billy get out, following Will with a look of casual indifference.

BILLY : Fuckin' go, Morgan.

CHUCKIE : Let me tell you somethin'. If you're not out there in two fuckin' seconds, when I'm done with them you're next!

And with that, Chuckie is out the door.

남자 1 : 와!
윌 : 잠깐만, 처키. 속도를 좀 줄여.
처 키 : 뭔데 그래?
윌 : 아직 몰라.
남자 2 : 이봐, 얼간이!

그 여자가 보비에게 뭔가를 말한다. 그는 그녀의 말을 되받는다. 그녀의 표정으로 봐서, 그것은 불쾌한 말이다.

남자 1 : 그래, 너, 매춘부년!
남자 2 : 아가리 닥쳐!
윌 : 나가자.
처 키 : 왜 그래? 마리화나 담배나 빨지그래?
모 건 : 15분 전에 야구장에 있었던 녀석이잖아? 싸울 거면 아까 싸웠어야지. 지금은 먹기나 하자구.
처 키 : 닥쳐, 모건. 내려!
모 건 : 난 안 내려.
처 키 : 맘대로 해.
모 건 : 난 안 간다구!

처키는 차를 세운다. 윌이 차 문을 열고 내려 보비 캄파에게 간다. 빌리가 내려서 무관심한 표정으로 윌을 따른다.

빌 리 : 빨리 내려, 모건!
처 키 : 이봐, 2초 안에 엉덩짝 들고 안 내리면 저 녀석들 일 끝나면 너도 손봐 주겠어.

그 말과 함께, 처키가 차에서 내린다.

- **hold up**
  세우다, 정지하다
- **Douche bag, douch-bag**
  지겨운 녀석, 얼간이
- **shank**
  〈속어〉 매춘부
- **love stick**
  마리화나가 든 담배
- **pull over**
  (차)를 (길) 한쪽에 대다
  = move over to one side of the road
- **Let me tell you something.**
  이봐, 정말인데. 유사한 표현에 I tell you, Let me tell you. 등이 있다.
- **be done with**
  마치다, 끝나다

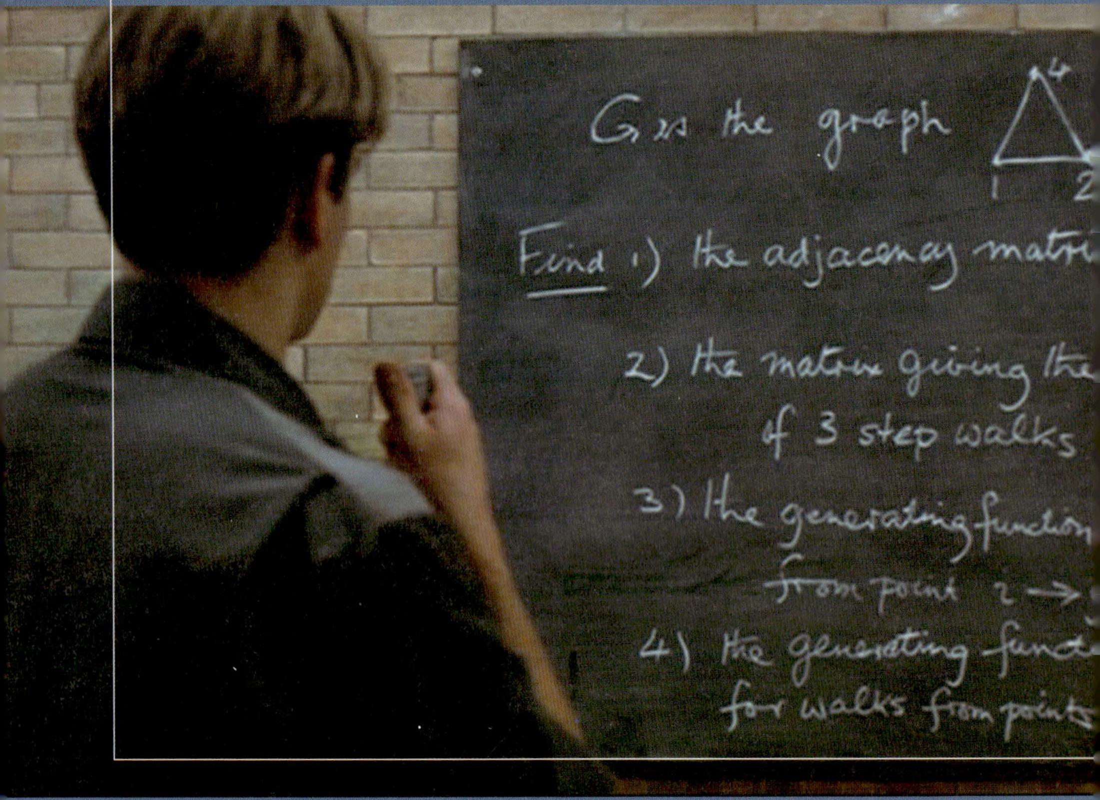

Movie Talk 01

평범한 영화가
평범한 천재를 타고
걸작으로 승화되다!

영어 난이도 The Degree of Difficulty		★★★★☆
속도(Speed) ★★★★☆	**표현**(Expression)★★★★☆	**어휘**(Vocabulary)★★★★☆

1997년 발표된 이 영화는 다음 해 아카데미에서 최우수 감독상, 최우수 작품상, 최우수 남우 주연상, 최우수 각본상, 최우수 남우 조연상, 최우수 여우 조연상, 최우수 편집상, 최우수 음악상, 최우수 작곡상 등에 노미네이트되어 이 중 각본상과 남우 조연상을 수상했으며, 그 해 골든 글로브에서는 최우수 각본상을 받은 걸작이다. 무명의 젊은이였던 맷 데이먼(Matt Damon)과 벤 애플렉(Ben Affleck)이 할리우드에 입성하게 된 계기가 된 영화이기도 하다. 이 영화의 시나리오는 윌 헌팅역의 맷 데이먼과 처키역의 벤 애플랙이 공동으로 쓴 것으로 유명한데, 원래는 50페이지 분량에 불과한 단편소설에서 출발한 것이다. 1992년 당시 하버드대학 재학생이었던 맷 데이먼은 문예창작 과목의 과제로 이 소설을 썼다. 단편소설의 원고를 탈고한 그는 자신의 원고를 어린 시절부터 친구인 벤 애플렉에게 읽기를 권했고, 이 두 사람은 이 소설을 함께 시나

리오로 완성했다. 맷과 벤은 고등학교 시절부터 연기자의 길을 가기로 약속했고, 많은 연극에 출연하며 꿈을 키운 사이였다. "배우가 된 후 한 해에 평균 5백여 편의 시나리오를 읽었다. 그러나 대부분이 도입부만 봐도 덮고 싶을 만큼 평범했다. 그래서 우린 직접 써보기로 했다."는 것이 이 작품을 쓰게 된 직접적인 이유였다고 한다.

영화는 정직하다. 발단(exposition)도 대부분 영화의 공식을 벗어나지 않는다. 말썽꾸러기인 타고난 천재가 그 진가를 알게 된 성실한 사람에 의해 진정한 천재로 다시 태어난다는 스토리… 그런데 그게 감동을 주어야 한다.

영화의 배경은 보스턴의 남부와 하버드대학이다. 오프닝 크레딧과 더불어 등장하는 복잡한 수학공식과 수많은 책, 그리고 공허한 아파트에서 그것들을 거침없이 읽어 가는 윌 헌

팅… 곧이어 등장하는 친구 처키는 늘 하던대로 윌을 찾아와 같이 공사판으로 출근한다. 대학생 정도의 나이인 20세의 윌은 보스턴 남부에서 고아가 된 이래로 열심히 일해야 겨우 먹고사는 삶 때문에 아이비리그를 다닐 기회를 얻지 못한다. 그러던 중 은은하게 종소리가 울린다. 이것이 영화의 시작이며 진정한 천재가 태어남을 알리는 이중성의 종소리가 된다.

MIT의 램보 교수는 어려운 수학 문제를 풀 수 있는 학생에게 상을 주는 성실한 교수다. 그가 낸 어려운 정리문제가 놀랍게도 다음 날 아침 복도의 칠판에 풀려 있다. 진정한 천재를 알아보고, 자기 스스로는 거기에 미치지 못한다는 것을 알아낼 수 있다는 것은 애끓는 마음을 자아내는 일임이 틀림없다. 그는 전 생애를 수학을 연구하면서 보내는 교수다. 하지만 한 고등학교 중퇴자이며 청소부인 자가 교수 자신도 당황하게 하는 질문에 대한 해답을 낙서하듯 푸는 것을 무력하게 바라본

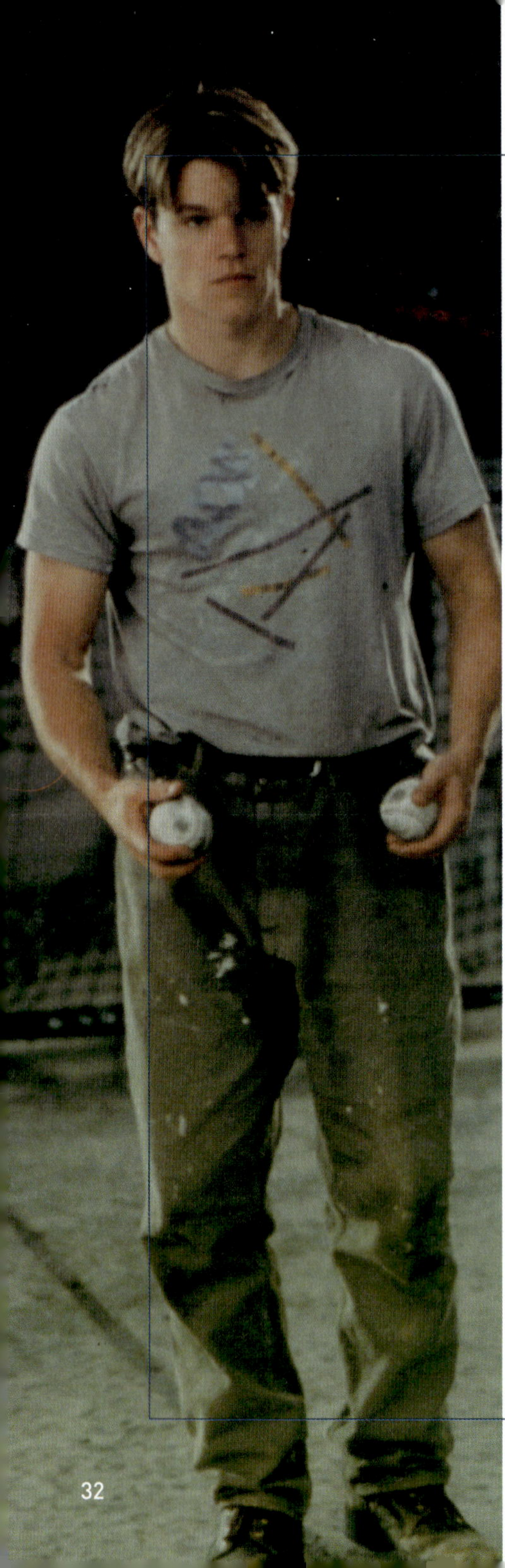

다. 하지만 천재가 스스로를 인식하지 못할 때 또한 가슴이 터질 듯하며, 그것이 영화에서 가장 난감하게 하는 문제이다. 보스턴 출신의 노동자 계급인 윌의 멋지고 빨려들게 하는 스토리는 이렇게 관객을 끌어들인다.

윌 헌팅은 불같은 성질의 사나운 카리스마를 지녔고 자신조차 제어하지 못할 정도로 반항적인 아웃사이더이다. 그는 20년을 살아오면서 누구의 간섭도 받아본 적이 없다. 노동자 계층의 친구들과 함께 비천한 일을 하면서 늘 하던 대로 바에 들러 술을 마시고, 여자들이나 꾀고, 리틀 야구장에 가서 운동한다. 으레 천재는 진흙 속에 박혀 있는 진주처럼 빛을 발하지 못하는 법인가? 지금까지는 빛을 발할 기회가 없었을까? 초, 중, 고교 때에는 어떤 교사도 그의 진가를 몰랐을까? 하여튼 이것이 영화의 기본적인 전제이며 그래서 영화는 평범하게 시작된다. 루이 암스트롱은 한때 이렇게 말했다. "자신을 알지 못한다면 다른 사람들을 구별할 수 없다." 이 영화는 윌이 그런 사람 중의 하나인지 아닌지에 관한 것이다.

Robin Williams · Matt Damon · Ben Affleck

GOOD WILL HUNTING

Chapter 2

망나니 고아

A Rough and Tumble Orphan

시간 00:11:13 ~ 00:20:08

EXT. SIDEWALK. CONTINUOUS
Will comes jogging up towards Bobby Champa.

WILL : (smiling, good-naturedly) Carmine! It's me. It's me, Will, remember? We went to kindergarten together...

Just when it looks as though Bobby might remember him, Will drills him with a sucker punch which begins the fight. Will's momentum and respectable strength serve to knock the hapless Champa out cold. Soon an overall fight begins between Will's gang and Bobby's gang.

CHUCKIE : Fuckin', let's go, man.

MORGAN : Step on his fuckin' head.

The fight, which is over M. Gaye's song, is messy, ugly and chaotic. In the end, it's our guys who are left standing, while Bobby's friends stagger off. Chuckie and Morgan turn to see Will, standing over the unconscious Bobby Champa, still pounding him. Will seems savage, ugly, vicious, and violent. Some onlookers gather around them.

ONLOOKER 1 : Get his ass on the ground. Stop that motherfucker.

외부. 보도. 계속
윌이 보비 캄파에게 달려간다.

윌 : (웃으며, 온화하게) 카민, 잘 만났어. 나야, 나, 윌. 기억하지? 유치원 같이 다녔지 않아.

보비가 윌을 기억해내는 것처럼 보일 때 윌은 그에게 싸움을 시작하는 속임수 펀치를 날린다. 윌의 힘과 상당한 파워는 불운한 캄파를 완전히 녹다운시킨다. 곧 윌의 무리와 보비의 무리 사이에 전면전이 시작된다.

처 키 : 빌어먹을, 어디서 설치는 거야.
모 건 : 새끼, 머리를 밟아!

싸움은 M. 게이의 노래를 타고 벌어지는데, 어질러지고, 추하고 혼란스럽다. 결국, 보비의 친구들이 비틀거리며 사라지는 동안 남아 있는 자들은 윌의 친구들이다. 처키와 모건이 돌아서서 윌을 본다. 윌은 의식이 없는 보비 캄파 위에 서서 여전히 그를 때리고 있다. 윌은 무지막지하고, 추하며, 사악하고, 난폭하다. 구경꾼들이 주위에 모여든다.

구경꾼 1 : 엉덩이를 땅에 붙여. 녀석을 잡아.

- **kindergarten**
  유치원
- **drill**
  강타하다
- **sucker punch**
  느닷없이 치기, 불시의 공격
- **momentum**
  힘, 운동량, 타성
- **knock out cold**
  때려 기절시키다
- **stagger**
  비틀거리다, 갈지자걸음을 걷다
  = walk or move unsteadily and with great difficult, almost falling

ONLOOKER 2 : Motherfucker, die!

ONLOOKER 3 : Carter!

ONLOOKER 4 : Come on! Chuckie finds the police car coming. Chuckie and Billy pull Will away.

CHUCKIE : Will!... Will, come on! Cops! Will, come on. Let's go. Let's go.

BILLY : Easy, brother, easy.

The police finally arrive on the scene and having only witnessed Will's vicious attack on Champa, they grab him. The cop holding Will slams Will's face on the wire entanglements, another cop uses a baton to press Will's face. Will falls down on the concrete. The look of rage returns to Will's eye. He groans.

CHUCKIE : Hey, fellas, thanks for comin' out.

POLICEMAN : Come here! Whoa! Whoa!

Dispatcher on Walkie-talkie is heard indistinctly. Will resists. He engages in a fracas with the cops. Though he struggles, Will takes a beating. A cop puts handcuffs on Will's hands.

WILL : (groans) Ah, fuck!

EXT. M.I.T. CAMPUS. MORNING

Some students are running for their class.

INT. M.I.T. CLASSROOM. MORNING

The classroom is even more crowded than last we saw it. Lambeau plays along with the excited environment with mock pomposity and good humor.

LAMBEAU : Is it just my imagination, or has my class grown considerably?

Laughter.

구경꾼 2 : 짜식, 죽었다!
구경꾼 3 : 카터!
구경꾼 4 : 자!

처키는 경찰차가 오는 것을 발견한다. 처키와 빌리가 윌을 떼어낸다.

처 키 : 윌! 윌, 그만해! 경찰이야! 윌, 그만하라고. 가자. 가자고.
빌 리 : 살살해, 친구. 살살하라고.

경찰이 마침내 현장에 도착해서 캄파에게 윌이 심하게 공격하는 것을 목격하고는 윌을 잡아챈다. 윌을 잡은 경찰은 윌의 얼굴을 철조망에 대고 또 다른 경찰은 윌의 얼굴을 누르기 위해 경찰봉을 사용한다. 윌은 콘크리트 바닥에 쓰러진다. 분노의 표정이 윌의 눈에 나타난다. 윌은 신음한다.

처 키 : 이봐, 친구들. 나와줘서 고마워.
경 찰 : 여길 봐! 그만! 그만!

경찰의 워키토키에서의 지시자 목소리가 불분명하게 들린다. 윌은 반항해 본다. 경찰과의 소동에 말린 윌이 발버둥 쳐보지만 이기기가 어렵다. 경찰이 윌의 손에 수갑을 채운다.

윌 : (신음한다) 아, 젠장!

아침. MIT 캠퍼스. 외부
몇몇 학생들이 수업을 위해 뛰어간다.

아침. MIT 교실. 내부
교실은 지난번보다 더 붐빈다. 램보 교수가 거짓 잘난 체와 유머로 흥분된 분위기에 맞추어 나간다.

램 보 : 내가 지금 꿈을 꾸는 건가? 갑자기 수강생이 많아졌나?

웃음.

- **motherfucker**
〈비어〉 비열한 놈, 쌍놈
- **entanglement**
철조망, 분규, 연루, 얽힘
- **baton**
지휘봉, 경찰봉
- **fella**
친구, 놈
= fellow
- **dispatcher**
(열차, 비행기의) 운항 관리원, 배차원, 발송계원
- **fracas**
소동, 싸움, 난리
= a noisy quarrel in which a number of people take part, and which often ends in a fight
- **handcuffs**
수갑
- **mock**
가짜의, 거짓의
= not real but very similar (to the real thing), pretended
- **pomposity**
거만한 언행, 거드름 피움

Easy, brother, easy.
살살해, 친구, 살살하라고.
easy는 부사로서 어떤 동작을 늦추거나 부드럽게 또는 여유 있게 하라는 표현

Zoom In

Easy, brother, easy.
살살해, 친구, 살살하라고.

LAMBEAU : Well, by no stretch of my imagination do I believe you've all come to hear me lecture.

More laughter.

LAMBEAU : But rather to ascertain the identity of the mystery math magician. So, without further ado, come forward, silent rogue, and receive thy prize.

The class waits in breathless anticipation.

LAMBEAU : Well, I'm sorry to disappoint my spectators, but it seems there will be no unmasking here today. However, uh... my colleagues and I have conferred, and there is a problem on the board, right now, that took us more than two years to prove. So, let this be said: the gauntlet has been thrown down. But the faculty have answered and answered with vigor.

EXT. COURTHOUSE. NEXT MORNING
Will emerges from the courthouse. Chuckie is waiting for him in the Cadillac with two cups of dunkin' doughnuts coffee. Will whistles to Chuckie. Chuckie sees him approaching and hands a cup of coffee to Will.

CHUCKIE : When's the arraignment?

WILL : Next week.

INT. M.I.T. HALLWAY. NIGHT
Will is writing something on the chalkboard. Lambeau comes out of his office with Tom and hears a strange sound. He watches a figure in silhouette blazing through the proof on the chalkboard. As Lambeau draws closer, reveal that the figure is Will, in his janitor's uniform. There is a look of intense concentration in his eyes. Will looks up, immediately starts to shuffle off.

램 보: 솔직히 내 강의를 들으러 몰려온 게 아니겠지.

더 많은 웃음.

램 보: 묘령의 수학 천재가 누군지 확인하러들 왔겠지. 더는 소란피우지 말고, 그럼 조용한 천재께선 앞으로 나와 상을 받게.

학생들은 숨을 죽이며 기대를 한다.

램 보: 오늘 온 청중들을 실망하게 해 미안하지만 주인공이 가면을 벗을 마음이 없나 보다. 어쨌든 내 동료들과 내가 칠판에 문제를 하나 적어 두었다. 이걸 증명하는 데 2년 이상이 걸렸지. 모두에게 공표하겠다. 학생의 도전에 우리 교수진은 활기있게 최선을 다할 것이다.

다음 날 아침. 법원 청사. 외부
윌이 재판소 문을 나선다. 처키는 두 잔의 덩킨 도넛 커피를 갖고 캐딜락 차에서 그를 기다린다. 윌이 처키에게 휘파람을 분다. 처키가 윌이 다가오는 것을 보고 커피 한 잔을 내민다.

처 키: 법정 출두는 언제야?
윌: 다음 주야.

밤. MIT 복도. 내부
윌이 칠판에다 뭔가를 쓰고 있다. 램보가 톰과 같이 사무실에서 나오다가 이상한 소리를 듣는다. 그는 칠판에 증명하면서 번쩍이고 있는 윤곽만으로 잡히는 어떤 형체를 본다. 램보가 가까이 다가오자 그 모습은 수위복 차림의 윌임이 드러난다. 그의 눈에는 강한 집중의 표정이 있다. 윌이 이를 보고는 곧 발을 끌며 자리를 뜬다.

- **ascertain**
  확인하다
- **ado**
  야단법석, 소동, 노고
  = delay or unnecessary activity
- **rogue**
  악당, 악한, 장난꾸러기, 건달
- **confer**
  수여하다, 주다
- **gauntlet**
  = an invitation to fight, a long glove
  • throw down the gauntlet
  도전하다
- **vigor**
  활력, 힘, 정력
- **arraignment**
  (법정으로의) 소환, 법정 출두
- **blaze**
  번쩍이다, 뚜렷이 나타내다
- **janitor**
  (빌딩, 아파트의) 관리인
- **shuffle**
  발을 끌며 걷다
  = move or push about or to different positions, walk by dragging one's feet slowly along

I'm sorry to disappoint my spectators.
내 관객을 실망시켜 미안하군.
I'm sorry to …는 '…해서 미안합니다.'의 표현이다. 그냥 Sorry to …로 사용되기도 한다.

Zoom In

I'm sorry to disappoint my spectators.
내 관객을 실망시켜 미안하군.

WILL : Sorry.

LAMBEAU : What're you doing?

WILL : (walking away) Sorry. Lambeau follows Will down the hall.

LAMBEAU : That's people's work, you can't graffiti here. Don't you walk away from me!

WILL : (looking back) Hey, fuck you!

LAMBEAU : Oh, you're a clever one. What's your name?

Will walks out. Down the hall, Lambeau hears the door closed. He turns to look for Will, who is gone. He returns to "fix" the proof, scanning the blackboard for whatever damage Will caused. He stops, scans the board again. Amazement registers on his face.

LAMBEAU : Oh, my God...

TOM : Looks right.

Lambeau nods.

INT. THE STREETCAR. NIGHT

Will sits alone comfortably. Out of the window runs a panoramic night view of South Boston. A cheering is heard from a baseball playground.

EXT. BOW AND ARROW BAR, CAMBRIDGE. THAT NIGHT

In front of a Harvard Bar. Will and our gang walk by a line of several Harvard students.

MORGAN : (starts laughing) Will, how retarded do you gotta be to get fired from that job? I mean, how hard is it to push a motherfuckin' broom around a room?

CHUCKIE : Bitch, you got fired from pushing a fuckin' broom.

MORGAN : I got fired 'cause management was restructurin'.

BILLY : Yah, restructurin' the amount of retards they had workin' for 'em.

윌 : 미안합니다.

램 보 : 무슨 짓이야?

윌 : (걸어가며) 미안하다고요. 램보는 홀 아래로 윌을 따라간다.

램 보 : 학생들 칠판에 낙서하면 어떡하나? 거기 서지 못해?

윌 : (돌아보면서) 재수 없군!

램 보 : 꽤 잘난 척하는데. 이름이 뭐지?

윌은 걸어나간다. 홀 아래쪽에서 문 닫는 소리가 들린다. 램보는 돌아서서 윌을 찾지만, 그는 가버리고 없다. 그는 증명을 고치고, 윌이 어떤 피해를 줬는지 칠판을 자세히 조사하기 위해 돌아온다. 그는 서서 칠판을 다시 자세히 조사한다. 얼굴에 놀라운 표정을 짓는다.

램 보 : 세상에!

톰 : 정답 같은데요.

램보가 고개를 끄덕인다.

밤. 전차. 내부
윌이 편안하게 혼자 앉아 있다. 창밖으로는 남부 보스턴의 밤 전경이 흘러간다. 한 야구장으로부터 응원 소리가 들려 온다.

그날 밤. 케임브리지. 활과 화살 술집, 외부
하버드 바 앞에 윌과 그 친구들이 여러 하버드 학생들의 줄 옆에서 걷는다.

모 건 : (웃기 시작한다) 윌, 얼마나 멍청하면 그런 직장에서 쫓겨나니? 교실 비질하는 게 뭐 그리 어렵다고.

처 키 : 짜샤, 너도 잘렸잖아.

모 건 : 난 구조조정으로 감원된 거야.

빌 리 : 그래, 멍청한 녀석들만 잘랐겠지.

- **graffiti**
  낙서하다
  = draw or write on a wall, etc. of a rude, humorous, or political nature
- **register**
  표정을 짓다, 인상을 남기다
- **retarded**
  정서, 지능, 학력이 뒤진
  = slower in the development or less able than others
- **restructuring**
  (기구, 제도의) 개혁, 개편, 구조 조정

Don't you walk away from me!
거기 서라, 서지 못해!
= Don't walk away from me!
= You don't walk away from me!

Zoom In

Don't you walk away from me!
거기 서라, 서지 못해!

MORGAN : Shut up. You get canned more than tuna, bitch...

BILLY : At least I got a motherfuckin' job right now, don't I?

MORGAN : Yeah.

BILLY : Why'd you get fired, Will? Com' on.

WILL : Management was restructuring.

Laughter.

CHUCKIE : My uncle could probably get you on my demo team.

WILL : Can he do that?

MORGAN : You kidding me? I asked you yesterday if I could get a job!

CHUCKIE : And I told you "no", yesterday!

After two students flash their ID's to the doorman our boys file past him.

ALL : (one after another) What's up, Casey? What's up, Case? What's up, Big Case?

With an imperceptible nod, Casey waves our boys through.

INT. BOW AND ARROW BAR. NIGHT
Will's gang enter. Rock sound is heard.

BILLY : Let's sit over here.

WILL : All right. Let's go.

CHUCKIE : (looking around) Oh, this is... this is a Harvard bar, huh? I thought there'd be, like, equations and shit on the walls. (to a waitress) I will take a pitcher of the finest Lager in the house. (sees the girls enter the bar) Time out. I'm gonna have to bust a little move on them Harvard honeys down there at the bar. Work some magic...

모 건 : 닥쳐! 요즘엔 다들 깡통 차기 바빠!
빌 리 : 직업이 있는 난 양반이군.
모 건 : 잘났다 그래.
빌 리 : 그런데 넌 왜 잘린 거야, 윌?
윌 : 나도 감원됐어.

웃음.

처 키 : 삼촌한테 말하면 철거반에 자리가 있을 거야.
윌 : 그럴까?
모 건 : 놀리는 거야? 어제 내가 자리 알아봐 달라니까 아무 말 않더니!
처 키 : 어제는 안 된다고 했지.

두 학생이 현관 안내인에게 그들의 신분증을 살짝 보인 후에 윌 일당은 그를 지나 줄지어 들어간다.

모 두 : (차례로) 안녕, 케시? 안녕, 케이스? 반가워요, 케이스?

알아챌 수 없을 정도로 고개를 끄덕이면서 캐시는 윌 일행이 들어가도록 신호한다.

밤. 활과 화살 술집. 내부
일행 들어온다. 록 음악이 들린다.

빌 리 : 여기 앉자고.
윌 : 좋아. 가자.
처 키 : (주위를 둘러보며) 아, 이게 하버드 대학가 클럽인가? 벽에 방정식이나 쓰여있는 줄 알았는데. (카운터로 가서 여종업원에게) 여기서 제일 좋은 라거로 피처 하나 부탁합시다. (여자들이 바에 들어오는 걸 본다) 잠깐, 잠깐! 이제부터 하버드 아가씨들과 부딪쳐 볼 참이야. 솜씨 구경이나 해.

■ **get canned**
해고당하다, 통조림되다(참치보다 더 통조림되었다는 말로 해고당했다는 의미를 이중으로 표현함)
• can = dismiss from a job, sack

■ **demo team**
파괴 작업 팀(여기서는 철거반을 말한다)

■ **flash**
~을 슬쩍 보이다

■ **file**
줄을 지어 통과하다

■ **imperceptible**
알아챌 수 없을 만큼의, 감지할 수 없는

■ **wave**
(손을)흔들다, 흔들어 신호하다

■ **equation**
방정식

■ **pitcher**
피처(귀모양의 손잡이와 주둥이가 있는 주전자 모양의 컵)

Why'd you get fired?
넌, 왜 해고당했냐?
= Why did you get fired?
= get fired
= get canned
= get sacked
= get discharged
= get dismissed
= get laid off

Zoom In

Why'd you get fired?

넌, 왜 해고당했냐?

WILL : Get some potion for us.

Chuckie spots two attractive young Harvard women sitting together at the end of the bar. Chuckie struts his way toward the women and pulls up a chair. He flashes a smile. Harvard women giggle.

CHUCKIE : Oh, hello.

SKYLAR : Oh, hello.

CHUCKIE : Hi, how are you?

SKYLAR : Fine.

CHUCKIE : So, do you ladies uh....

SKYLAR : Come here often?

CHUCKIE : Do I come here? I come here a bit. I'm here... uh... you know, from time to time.

Will approaches.

CHUCKIE : Do you go to school here?

LYDIA : Yep.

CHUCKIE : Yeah, that's it. I think I had a class with you.

SKYLAR : Oh, yeah? What class?

At this point, several interested parties are seen. Morgan, Billy and Will try to situate themselves within listening distance. A rather large student in a Harvard Lacrosse sweatshirt, Clark notices Chuckie. He walks over to Skylar and Lydia, nobly hovering over them as protector.

CHUCKIE : History.

SKYLAR : Maybe.

CHUCKIE : Yes, I think that what it was. You don't necessarily may not remember me. You know, I like it here. It doesn't mean 'cause I go here, I'm a genius. I am very smart.

윌 : 우리 짝도 부탁한다.

처키는 바의 끝 부분에 함께 앉아 있는 두 명의 매력적인 하버드 여학생을 점찍는다. 그가 그 여자들에게로 거들먹거리며 걸어가서 의자를 당긴다. 그가 활짝 웃는다. 하버드 여자들은 낄낄 웃는다.

처 키 : 안녕.
스카일라 : 안녕.
처 키 : 어때?
스카일라 : 좋아.
처 키 : 그러니까 너희도 여기…
스카일라 : 여기 자주 오니?
처 키 : 나말야? 그야 뭐… 가끔 오지.

윌이 다가온다.

처 키 : 여기 학교 다녀?
리디아 : 응.
처 키 : 그래. 어쩐지 수업시간에 만난 적 있는 것 같더라.
스카일라 : 그래? 어떤 수업?

이때쯤, 흥미를 느끼는 몇몇 일행들이 보인다. 모건, 빌리 그리고 윌이 말이 들리는 거리 이내에 자리를 잡는다. 하버드 대학의 라크로스팀 스웨터를 입은 꽤 큰 학생인 클라크가 처키를 주목한다. 그는 스카일라와 리디아에게 걸어와 보호자처럼 고상하게 그들 주위를 어슬렁거린다.

처 키 : 역사.
스카일라 : 글쎄.
처 키 : 그래, 맞는 것 같아. 기억을 못 할 수도 있지. 난 여기가 좋아. 내가 천재라서라기 보다. 물론 똑똑하긴 하지만.

■ **strut one's way toward**
~을 향하여 거들먹거리며 걸어가다

■ **Strut**
= walk proudly and stiffly with the chest pushed forwards and trying to look important

■ **giggle**
킬킬 웃다

■ **lacrosse**
라크로스

■ **hockey**
비슷한 구기
= a game played on a field by two teams, each player having a long stick with a net at the end to throw, catch, and carry the small hard ball

■ **sweatshirt**
(경기자가 경기 전후에 입는) 두껍고 헐거운 스웨터

■ **hover**
어슬렁거리다, 배회하다
= stay around one place, esp. in a way that annoys other people

■ **protector**
보호자

Do you go to school here?
여기 학교 다녀?
간단한 말이지만 쉽게 나올 수 있는 표현이 아니다.
= Do you attend this school?

Zoom In

Do you go to school here?

여기 학교 다녀?

At this point, Clark steps in.

CLARK : Hey.

CHUCKIE : Hey. How's it goin'? How are ya?

CLARK : Good. How ya doing?

CHUCKIE : You wanna...

CLARK : What uh... What class did you say that was?

CHUCKIE AND SKYLAR : History.

CLARK : Yeah... Just history? It must have been a survey course then.

CHUCKIE : Yeah, it was, it was surveys.

CLARK : Right.

CHUCKIE : You should check it out. It's a good course. It'd be a, uh... good class.

CLARK : How'd you like that course?

CHUCKIE : You know... Frankly, I found that class, you know, rather... uh... elementary.

CLARK : Elementary?

CHUCKIE : Yeah.

CLARK : You know I don't doubt that it was.

CHUCKIE : Yeah.

CLARK : I, uh... I remember that class. It was um... it was just between recess and lunch.

SKYLAR : Clark, why don't you go away?

Will sees this and smile.

CLARK : Why don't your relax?

SKYLAR : Why don't you just go away?

CLARK : I'm just having fun with my new friend, that's all.

이때 클라크가 끼어든다.

클라크 : 어이.
처 키 : 어이, 반가워. 어때?
클라크 : 좋아. 넌 어때?
처 키 : 네가 원하는…
클라크 : 저, 어떤 수업을 들었다고 했지?
처키와 스카일라 : 역사.
클라크 : 그래, 역사 수업만? 그럼 개설 강의 같은 거로군.
처 키 : 맞아. 개설 강의야.
클라크 : 그래.
처 키 : 너도 들어 봐. 아주 좋은 수업이야. 좋은 수업이 될 거야.
클라크 : 얼마나 마음에 들었는데?
처 키 : 뭐, 솔직히 말해서 초급 수준 같아.
클라크 : 초급?
처 키 : 그래.
클라크 : 그렇지는 않을 텐데.
처 키 : 그렇다니까.
클라크 : 그 수업 생각나는데. 휴식시간하고 점심 시간 사이에 하는 거였지?
스카일라 : 클라크, 저리 꺼지지.

윌이 이것을 보고 미소 짓는다.

클라크 : 뭐 어때서?
스카일라 : 꺼지란 말이야.
클라크 : 그냥 새 친구하고 얘기 좀 하자는 것뿐이야.

- **survey course**
  개설 강의
  - survey
    개관, 통람, 개론
- **elementary**
  초보의, 기본이 되는
  = simple and easy
- **recess**
  휴게 시간, 휴식
  = a short pause between classes

How'd you like that course?
그 코스 맘에 들어?
Did you like that course?라는 뜻으로 쓰이는 표현임.
= How did you like that course?

Zoom In

How'd you like that course?
그 코스 맘에 들어?

CHUCKIE : Are we gonna have a problem? I don't understand...

CLARK : No, no, no, no, there's no problem here. I was just hoping you could give me some insight into the evolution of the market economy of the Southern Colonies. My contention is that uh... prior to the Revolutionary War the economic modalities, especially of the Southern Colonies, could most aptly be characterized as agrarian pre-capitalist...

Will, who has migrated to Chuckie's side and includes himself in the conversation.

WILL : Let me tell you somethin', all right? Of course that's your contention.

CLARK : Hang on a second.

WILL : You're a first year grad student. You just got finished reading some Marxian historian, Pete Garrison, prob'ly... You're gonna be convinced of that till next month when you get to James Lemon, then you're gonna be talking about how the economies of Virginia and Pennsylvania were entrepreneurial and capitalist back in 1740. That's gonna last until next year. You're gonna be in here regurgitating Gordon Wood, talking about, you know, the pre-revolutionary utopia and the capital-forming effects of military mobilization.

CLARK : (scoffs) Well, as a matter of fact, I won't, because Wood drastically underestimates the impact of social di...

처 키 : 무슨 문제가 있는 거야? 이해가 안 되는데…

클라크 : 아니, 아니. 문제 같은 거 없어. 그냥 남부시장 경제혁명에 관한 식견을 묻고 싶을 뿐이야. 그러니까 내 논지는 독립 전쟁 이전에 경제 양상, 특히 남부의 경우는 토지자본주의로 특징지어질 수 있다고 생각하는데…

윌이 처키 옆으로 옮겨와 대화에 끼어든다.

윌 : 말 좀 해도 되겠지? 물론 그게 네 논지야.

클라크 : 잠깐.

윌 : 대학원 1학년이군. 겨우 막스주의 역사학자 피터 개리슨의 저서를 봤나 본데. 다음 달에 레몬 저서를 배울 때쯤엔 버지니아와 펜실베이니아의 경제가 어떻게 1740년부터 기업자본가 형태로 됐는지가 궁금할 거야. 그것도 겨우 내년까지이고 다음엔 고든 우드의 독립 전쟁 이전 유토피아와 자본이 군대의 현대화에 끼친 영향에 대해 말하게 될걸.

클라크 : (비웃는다) 천만에. 사실 우드는 계층 간 특질의 영향을 철저하게 과소평가…

- **evolution**
  발달, 진화
- **contention**
  주장, 논쟁점, 말다툼
- **prior to**
  ~에 앞서, 먼저
- **Revolutionary War**
  미국 독립 전쟁 (1775–83)
- **modality**
  양상, 양식
- **agrarian**
  농지의, 토지의, 농민의, 농업의
- **pre-capitalist**
  전 자본주의자
- **grad**
  졸업생, 대학원생
- **entrepreneurial**
  기업가의
- **regurgitate**
  그대로 되풀이하다, 토해내다
- **mobilization**
  동원, 유통
- **as a matter of fact**
  사실상, 실제에 있어서

Hang on a second.
잠깐 기다려.
• hang on
전화를 끊지 않고 기다리다, 매달리다, 일을 끈기 있게 하다.

Zoom In

Hang on a second.

잠깐 기다려.

WILL : Wood drastically... underestimates the impact of social distinctions predicated upon wealth, especially inherited wealth. You got that from Vickers' "Work in Essex County," page 98, right? Yeah, I read that, too. You gonna plagiarize the whole thing for us? Do you have any thoughts of your own on this matter? Or is that your thing?

Clark is stunned.

WILL : You come into a bar, you read some obscure passage, and then pretend you, you... pawn it off as your own. As your own idea just to impress some girls? Embarrass my friend?

Skylar smiles. Clark is lost now, searching for a graceful exit.

WILL : See, the sadthing about a guy like you is, in 50 years you're gonna start doin' some thinkin' on your own and you're gonna come up with the fact that there are two certainties in life. One: Don't do that. And two: You dropped a hundred and fifty grand on an fuckin' education you could've got for a dollar fifty in late charges at the public library.

Will catches Skylar's eye. Everyone around them chuckles.

CLARK : Yeah, but I will have a degree, and you'll be serving my kids fries at a drive-through on our way to a skiing trip.

윌 : 물론 우드는 철저하게 부에 관한 계층 간 특질의 영향을 경시했지. 특히 상속된 부에 대해서 말이야. 그건 사학자 비커의 '에섹스 군의 작업'을 인용한 거지? 98페이지 내용, 안 그래? 나도 읽어 봤어. 계속 도용할 생각이셨나? 이 문제에 대해 너 자신의 견해는 없는 거야? 아님 그게 네 거라는 거야?

클라크가 아연해진다.

윌 : 혹시 술집만 오면 희귀한 책만 골라서 읽고는 자기 것처럼 떠들어 여자애들이나 꾀며 내 친구가 쪽을 못 쓰게 하는 게 취미인가?

스카일라가 웃는다. 클라크가 이제 패배하고 나서 품위 있게 빠져나갈 구멍을 찾는다.

윌 : 서글픈 일이지만 너 같은 녀석들은 50년쯤 지나야 겨우 인생에 두 가지 확실한 것이 있다는 사실을 자각하게 될 거야. 첫째, 남의 생각을 도용하지 않을 것. 둘째, 15만 달러를 그 잘난 교육에 탕진하느니 차라리 1달러 50센트 연체료 내고 도서관에 가는 게 이익이란 것.

윌은 스카일라의 시선을 잡는다. 주위의 모든 사람이 킬킬 웃는다.

클라크 : 그래, 하지만 적어도 난 학위를 손에 쥐게 돼. 내가 스키 타러 갈 때도 넌 내 자식들에게 음식이나 나르는 점원 노릇이나 하겠지.

- **drastically**
  철저하게, 과감하게
- **underestimate**
  과소평가하다
- **predicate**
  (어떤 근거에) 입각시키다, 기초를 두다
  = base, take something as a reason for doing (something else)
- **inherit**
  상속하다, 물려받다
- **plagiarize**
  도용하다, 표절하다
- **pawn**
  목숨(명예)을 걸고 맹세하다, 저당잡히다
- **come up with**
  ~을 안출하다, 제안하다, 따라잡다
- **grand**
  〈속어〉 1000달러, 1000파운드, 1000
  = a thousand pounds or dollars
- **drive-through**
  드라이브 스루(차에 탄 채 주문하고 식사를 받는 식의 식당 등)

Do you have any thoughts of your own on this matter?
이 문제에 대해 네 자신의 견해는 있는 거야?
Do you have your own thoughts on this matter?보다 강조의 의미가 있는 표현이다. any나 some이 사용될 경우 이중소유격이 된다.
• your own thoughts
→ any thoughts of your own

Zoom In

Do you have any thoughts of your own on this matter?

이 문제에 대해 네 자신의 견해는 있는 거야?

WILL :	(laughs) Yeah, maybe, eh, but at least I won't be unoriginal. Pardon me, if you have a problem with that, we could just step outside and we could figure it out.
CLARK :	No, man, there's no problem. It's cool.
WILL :	It's cool?
CLARK :	Yeah.
WILL :	Cool.
CHUCKIE :	Damn right, it's cool. How do ya like me now?

Clark leaves. Will turns and walks away. Chuckie follows, throwing Clark a look. Morgan turns to Skylar and Lydia.

MORGAN :	That boy's wicked smart.

He walks away from them.

MORGAN :	I just spent 3 minutes in this fuckin' place and run into a barney, huh?

윌 : (웃는다) 그럴지는 몰라도 누굴 표절하지는 않아. 내 말에 불만이 있으면 당장 밖에서 담판을 짓자.

클라크 : 아니, 됐어. 그만하자.

윌 : 그래?

클라크 : 그래.

윌 : 좋아.

처 키 : (클라크에게) 그래, 맛이 어때?

클라크가 자리를 뜬다. 윌이 돌아서서 걸어나간다. 처키가 뒤를 따르며 클라크를 본다. 모건이 스카일라와 리디아에게 돌아선다.

모 건 : 저 친구 진짜 똑똑한 녀석이라니까.

여자들에게서 걸어간다.

모 건 : 여기 들어온 지 3분 만에 별것이 다 들러붙는군.

- **unoriginal**
  모방의, 독창적인 아닌
- **We could figure it out.**
  우린 해결할 수 있을 거야.
  - figure it out
    해결하다
- **wicked**
  〈속어〉 경이적인, 뛰어난, 우수한
- **run into**
  만나다
  = meet someone by chance
- **barney**
  격론, 언쟁, 사기, 실수
  = a noisy quarrel

Movie Talk 02

망나니 고아가 진정한 양부모를 얻을 수 있을까?

전개 부분에선 당연히 변화를 겪어야만 하는 윌에게 초점이 맞춰져야만 한다. 노벨상을 받은 교수들조차 혀를 내두를 만큼 어려운 문제들을 싱거울 정도로 간단하게 풀어버리는 천재. 그러나 그는 유서 깊은 학문의 도시인 보스턴에서는 성가신 존재일 뿐이다. 어린 시절부터 그는 번번이 학대의 희생물이 되어 자랐다. 고아로서 정기적으로 양부모의 집을 드나들었다. 그는 자연스럽게 그동안 인상적인 전과기록을 쌓았다. 어떤 사소한 일도 부시통의 불꽃처럼 그를 폭발시킬 수 있다.

어느 날 윌은 친구들과 이웃을 차로 돌다가 아는 동료에게 시비를 걸고 패싸움을 벌인다. 유치원 때 자기를 괴롭혔던 자에게 날리는 주먹 끝엔 살기가 실린다. 결국, 그는 출동한 경찰까지 때려서 투옥되고 만다. 전개치고는 훌륭하다. 윌이 옥살이를 계속한다면 문제는 달라질 것이다. 그는 읽는 책의 전 내용을 사진같이 기억 속에 내려받기하는 능력자로 복잡한 문제들을 간단하게 해결하는 능력을 지닌 수학 천재임을 관객은 벌써 알고 있지 않은가? 그런데 그가 MIT에서 청소하는 동안 복도의 칠판에 적힌 수학의 정리문제를 익명으로 입증하는 데서 기쁨을 느낀다. 왜 그럴까? 이런 질문을 감지할 수 있는 관객은 감동을 할 자격이 있을 것이다. 이제 그의 구출활동이 벌어지겠지… 감옥에서의 구출과 숨어 있는 진주를 끄집어내 닦아줄 구출 말이다.

수학분야에서 노벨상이라 불리는 수학수훈 상을 수상한 램보 교수. 적어도 수학분야의 최고 권위자로 자처하며 MIT공대의 교수로 재직하고 있는 유명인! 그런데 그가 많은 시간을 할애해야 풀 수 있는 정리문제를 간단히 풀어버리는 자가 있다니? 그것도 학생도 아닌 청소부가! 영화는 교묘하게 윌의 삶에서 가장 중요한 여자인 스카일라를 등장시킨다. 사회적 하층계급인 윌을 하버드대학 재학 중인 여학생이 사귀기를 바라는 방식으로 말이다. 여기서 학력이 약한 윌의 유식은 학력이 최고인 하버드생 클라크의 무식을 통쾌하게 짓밟아 버린다. 아는 체하고 학자인 체하는 사이비 신사들의 약점을 들추어내는 것은 램보 교수가 윌에게 열등감을 느끼는 것과 무관하지 않다.

도대체 이 남자는 어떤 존재일까? 스카일라는 관객과 마찬가지로 윌에게 관심을 두지 않을 수 없다. 상류층의 미모를 갖춘 여대생과 하류층의 막노동꾼 남자의 사랑. 이것은 램보 교수가 추진하는 선(線)과 평행선을 그리면서 영화에 설득력을 주기도 하고 재미를 주기도 할 것이다. 이미 외설적인 대사를 초반에 쏟아낸 영화이기에 애정행각이 진할 것 같은데… 고아로 성장한 윌에게 어머니 겸 여자친구로서의 스카일라의 등장은 자연스러우며 타당한 것이다. 그렇다면 램보교수가 아버지의 역할을 할 것인가? 어쨌든 윌에게는 아버지와 어머니가 필요하며 그들만이 더욱 강력하게 윌의 인생관에 큰 영향을 끼칠 수밖에 없는 것이다. 자신의 수학지식 치부를 드러낼 수 있는 미지의 청년에 대해 램보 교수는 어떤 태도를 보일 것인가?

Chapter 3

새로운 관계

A New Relationship

시간 00:20:09 ~ 00:28:56

INT. BOW AND ARROW, BAR. LATER

Will sits with Morgan at the bar watching with some amusement as Chuckie and Billy play bar basketball game where the players shoot miniature balls at a small basket. Occasionally we hear Chuckie shouting "Larry!" and "There it is!" when he scores. Skylar emerges from the crowd and approaches Will.

A GIRL : (V.O.) Nice to meet you.

MORGAN : They were fine, man. I was gonna close the deal, but then, Chuck... Billy insulted one of 'em and the heavyset girl said that I had a recedin' hairline and I was a few pounds overweight and I was like, "go fuck yourself!"

Skylar stands in front of Will.

MORGAN : I swallowed a bug.

Chuckling, Will looks at Skylar. Morgan leaves his seat.

그 후. 활과 화살 술집. 내부
윌은 모건과 같이 앉아서 처키와 빌리가 작은 바구니에 소형 공을 던지는 술집의 농구 게임을 하는 것을 즐겁게 보고 있다. 종종 처키가 점수를 올릴 때 "래리!" 또는 "이거야!"라고 외치는 소리가 들린다. 스카일라가 사람들 틈에서 나타나 윌에게 다가간다.

여 자 : (목소리) 만나서 반가워.

모 건 : 여자들도 괜찮구나 해서 거의 성사가 됐는데 빌리가 그중 뚱뚱한 여자한테 빈정대는 바람에 그 여자가 내가 머리가 빠진 비만이라고 놀리잖아. 그래서 '관둬라'하는 심정이었지.

스카일라가 윌 앞에 선다.

모 건 : 술에 파리가 빠졌나?

낄낄 웃으며 윌이 스카일라를 본다. 모건이 자리를 떠난다.

■ **emerge**
나타나다, 나오다
= come out or appear from inside or from being hidden

■ **close the deal**
거래를 끝내다, 협정을 체결하다

■ **heavyset**
몸집이 큰, 튼튼한
= rather broad and strong-looking
= sometimes rather fat

■ **receding**
움푹 들어간, 감소하는
= sloping backwards
= moving back or away

■ **hairline**
(앞이마의) 머리털이 난 언저리(선)

■ **swallow**
삼키다

WILL : Hi...

SKYLAR : You're an idiot.

WILL : What?

SKYLAR : You're an idiot. I've been sitting over there for forty-five minutes waiting for you to come and talk to me. But I'm tired now and I have to go home and I couldn't sit there any more waiting for you.

WILL : Well, I'm Will.

SKYLAR : Skylar.

WILL : Skylar.

SKYLAR : Oh, and by the way, that guy over there... Michael Bolton clone... he wasn't sitting with us, so to speak.

WILL : Yeah, I know. I kinda got that impression.

SKYLAR : Good. Okay. Well, I've got to go. Gotta' get up early and waste some more money on my overpriced education.

WILL : No, I didn't mean you. I...

SKYLAR : Oh, that's all right. There's my number.

Skylar produces a folded piece of paper and offers it to Will.

SKYLAR : Maybe we can go out for coffee sometime.

WILL : All right, yeah. Maybe we could just get together and eat a bunch of caramels.

SKYLAR : What do you mean?

WILL : When you think about it, it's as arbitrary as drinking coffee.

SKYLAR : (laughs) Oh. Yeah. Okay. Uh... right then.

윌 : 안녕.
스카일라 : 넌 바보야.
윌 : 뭐?
스카일라 : 넌 멍청이라고. 네가 말을 걸어 주길 45분이나 기다렸단 말이야. 근데 이젠 지쳐서 집에 가야겠어. 기다리는 데도 지쳐서 여기 온 거야.
윌 : 난 윌이야.
스카일라 : 스카일라라고 해.
윌 : 스카일라.
스카일라 : 근데 저쪽에 있는 애 보이지? 마이클 볼튼 닮은 애 말이야. 우리하고는 잘 맞지 않는 애야.
윌 : 알아. 그런 것 같았어.
스카일라 : 알면 다행이고. 그만 가봐야겠다. 내일 일찍 일어나서 쓸데없는 교육비나 탕진해야 하거든.
윌 : 네가 그렇단 게 아니야.
스카일라 : 알아. 내 전화번호야.

스카일라가 접은 종이쪽지를 윌에게 준다.

스카일라 : 언제 커피 한잔 하자.
윌 : 좋아. 아니면 만나서 캐러멜을 먹던가.
스카일라 : 무슨 뜻이야?
윌 : 커피만큼 모호성을 의미하는 거야.
스카일라 : (웃는다) 그럼 됐어. 다음에 보자.

- **clone**
  복제 인간, 아무 생각 없이 기계적으로 행동하는 사람
  = a person or thing that seems to be a copy of someone or something else
- **overpriced**
  너무 비싼 값이 매겨진
- **a bunch of**
  한 묶음의, 한 송이의, 한 다발의
- **arbitrary**
  마음대로 정한, 임의의, 독단적인
  = decided by or based on chance or personal opinion rather than facts or reason

I didn't mean you.
널 두고 한 말이 아니었어, 네가 그렇단 애기가 아니야.

Zoom In

I didn't mean you.
네가 그렇단 게 아니야.

She turns to go away.

A BOY : (V.O.) Oh, come on. You're kidding. (giggles)

EXT. BOW AND ARROW BAR. LATER

Our boys are walking out of the bar teasing one another about their bar-ball exploits. Across the street is another bar with a glass front.

MORGAN : Yo! Fuck you, bitch!

CHUCKIE : Fuck you.

Morgan spots Clark sitting by the window with some friends.

MORGAN : There goes them fuckin' barneys right now, with his fuckin' "skiin' trip."

WILL : Hold on.

MORGAN : We should'a beat that old bitch's ass.

Will crosses the street and approaches the plate glass window and stands across from Clark. He pounds the glass to get Clark's attention. Clark turns toward Will.

WILL : Do you like apples?

CLARK : Yeah.

Will slams skylar's phone number against the glass.

WILL : Yeah? Well, I got her number! How do you like them apples?!

Will's boys, erupting into laughter, leave there.

STREET. NIGHT

The boys make their way home, piled into Chuckie's car, laughing together.

그녀가 돌아서 나간다.

소 년 : (목소리) 아, 그만. 농담하지 마. (낄낄 웃는다)

그 후. 활과 화살 술집. 외부
윌 일당은 자신들의 공놀이 장기에 대해 서로를 놀려대면서 술집 밖으로 걸어 나온다. 거리 건너편에는 전면이 유리인 다른 술집이 보인다.

모 건 : 제길, 말도 안 돼.
처 키 : 엿 먹어.

모건은 친구들과 창가에 앉아 있는 클라크를 본다.

모 건 : 아까 '스키 여행'이니 뭐니 떠들던 재수 없는 놈이 친구놈들이랑 노는데?
윌 : 잠깐.
모 건 : 엉덩이를 실컷 걷어차 줘어야 하는 건데.

윌이 거리를 건너 유리창에 다가가서 클라크를 보고 선다. 그는 클라크의 주의를 끌기 위해서 유리를 두드린다. 클라크가 윌을 돌아본다.

윌 : 이거 맘에 들어?
클라크 : 그래.

윌이 유리에다 스카일라의 전화번호 쪽지를 댄다.

윌 : 그래? 스카일라가 전화번호를 줘어. 이래도 까불래?

윌의 친구들이 웃음을 터트리고는 그곳을 떠난다.

밤. 거리
윌 일당은 귀가하는 길이다. 함께 웃으며 처키의 차에 오른다.

- **You're kidding.**
  농담이자, 농담하지 마.
  = I don't believe you.

- **tease**
  짓궂게 괴롭히다, 집적거리다
  = annoy (an animal or a person) on purpose

- **exploit**
  공적, 묘기, 공훈
  • pound
  두드리다, 연타하다

- **erupt**
  분출하다, 용솟음치다, 폭발하다

Do you like apples?
이거 어때? 이게 더 맘에 들어?
관용적인 표현. (여기서 apples는 사과가 아님에 주의할 것)
= Do you like this better?
= Do you like that choice?

Zoom In

Do you like apples?

이거 어때?

CHARLES STREET BRIDGE. DAWN
Shot of Chuckie's car crossing over the Charles St. Bridge, overtaking a red-line train.

CHARLESTON BACK ROAD. DAWN
The car travels through narrow back roads in Charlestown, passing the Bunker Hill monument.

EXT. WILL'S APARTMENT. MORNING
The car arrives at Will's house and drops him off. Until now the following song runs on the screen.

We arrived too late
The miles were over me
I turned off the light
So come on, night
Everyone's gone
Home to oblivion
So come home
So come on night

INT. M.I.T. BUILDING AND GROUNDS GARAGE. DAY
Lambeau walks into a small garage facility.

LAMBEAU : Come.

Tom follows him. The area stores lawn machinery and various tools. An older man, Terry sits behind the desk. He is a head custodian. Beside him sits Hayes.

LAMBEAU : Excuse me. Is this the Buildings and Grounds office?
TERRY : Yeah. What can I do for you?
LAMBEAU : I just need the name of a student who works here.
TERRY : No students work for me.

새벽. 찰스 스트리트 다리
기차를 따라잡으며 찰스 스트리트 다리를 건너는 처키의 차.

새벽. 찰스턴 뒷길
차가 벙커 힐 기념비를 지나 찰스타운의 좁은 골목길을 달린다.

아침. 윌의 아파트. 외부
처키의 차가 윌의 집에 도착하여 그를 내려놓는다. 지금까지 다음 노래가 화면을 흐른다.

우린 너무 늦게 도착했네
거리가 너무 멀었어
난 불을 껐지
그러니 어서 와요, 밤이여
모두 가버렸어
망각의 휴식처로
그러니 집으로 와요
밤이여, 어서 우리를 찾아와요

낮. MIT 관리 사무소 차고. 내부
램보 교수가 작은 차고시설로 걸어들어 간다.

램 보 : 들어가자.

톰이 뒤를 따른다. 그곳은 잔디 깎는 기계와 잡다한 연장을 저장하고 있다. 나이 든 테리가 책상을 등지고 앉아 있다. 그는 관리소장이다. 그 옆에는 헤이스가 앉아 있다.

램 보 : 실례합니다. 여기가 캠퍼스 사무실인가요?
테 리 : 네. 그런데 무슨 일이슈?
램 보 : 여기서 일하는 학생의 이름을 알고 싶어서요.
테 리 : 일꾼 중에 학생은 없수다.

■ **overtake**
따라잡다, 만회하다, 추월하다
= come up to from behind and pass

■ **back road**
(포장이 안 된) 시골길, 뒷골목(길)

■ **Bunker Hill**
벙커 힐(미국 독립 전쟁 최초의 대격전이 벌어졌던 보스턴 근교의 야산)

■ **oblivion**
망각, 잊혀진 상태

■ **facility**
시설물, 설비
= a place or building used for a particular purpose or activity

■ **head custodian**
관리소장
• custodian
관리인, 후견인, 보호자

What can I do for you?
무엇을 도와드릴까요?
= May I help you?
= Is there anything I can do for you?

Zoom In

What can I do for you?
무엇을 도와드릴까요?

LAMBEAU : Could you just check? I have this guy who works in my building. He's about this high.

TERRY : Which one's your building?

TOM : Two.

LAMBEAU : Two. Building two.

Terry checks a list behind his desk and looks up.

TERRY : Look, if anything was stolen, I should know about it.

LAMBEAU : No, no, no. It's nothing like that. I just need his name.

TERRY : I can't give you his name unless you have a complaint.

TOM : This is professor Lambeau.

TERRY : This is professor Hayes.

LAMBEAU : Tom, please. This is important. Please.

TERRY : Will didn't show up for work today. (sighs) Got this job through his P.O. You can call him.

LAMBEAU : P.O.?

TERRY : Yeah. Parole Officer.

Terry goes through a stack of paper on his desk, takes out a card and hands it to Lambeau. Lambeau looks blankly at the card which reads : "PAROLE EMPLOYMENT PROGRAM."

LAMBEAU : Thank you.

Lambeau and Tom walk out.

TERRY : Asshole.

Terry and Hayes chuckle.

램 보 : 어쨌든 확인 좀 해주시죠. 우리 학부 건물을 청소하는 친구인데, 키는 이만하고…
테 리 : 어느 건물이슈?
톰 : 2번.
램 보 : 2번 건물이요.

테리가 책상 뒤에서 리스트를 확인한다. 그리고는 올려다본다.

테 리 : 혹시 도난품이라도 생겼으면 책임자로서 저도 알아야 합니다.
램 보 : 아니, 그런 게 아닙니다. 그냥 이름만 알려 주시오.
테 리 : 아무 이유 없이 이름을 알려드릴 순 없죠.
톰 : 이분은 램보 교수님이십니다.
테 리 : 그렇다면 이분도 헤이스 교수요.
램 보 : 가만있게, 톰. 중요한 일이니 부탁합니다.
테 리 : 윌이 오늘은 출근 안 했수다. (한숨 쉰다) 이 자리도 P.O. 덕에 얻은 거니, 연락해 보던가.
램 보 : P.O.라뇨?
테 리 : 보호관찰관 말이외다.

테리가 책상 위 서류더미를 뒤져 명함을 꺼내 램보에게 준다. 램보는 '가석방자 고용 프로그램'이라고 쓰여 있는 명함을 멍하니 본다.

램 보 : 고맙소.

램보와 톰이 걸어나간다.

테 리 : 빌어먹을 놈!

테리와 헤이스가 낄낄거린다.

■ **complaint**
불평, 불만, 고소

■ **show up**
나타나다, 나오다
= arrive as expected or arranged; be easily seen and, clearly seen

■ **parole officer**
보호관찰관
• parole
가석방, 가출옥, 가석방 기간

■ **asshole**
〈비어〉 지겨운 녀석
= a stupid annoying person

It's nothing like that.
그런게 아닙니다. 그것과 전혀 관계없어요.
그냥 Nothing like that으로 표현하기도 한다.

Zoom In

It's nothing like that.
그런게 아닙니다.

INT. COURTROOM. DAY

Will stands before Judge Malone being arraigned. It is fairly unceremoniuous, the courtroom nearly empty, save Will and the prosecutor. Lambeau walks in from the back.

WILL : There is a lengthy legal precedent, Your Honor, going back to 1789, whereby a defendant may claim self-defense against an agent of the government, if that act is deemed a defense against tyranny, a defense of liberty.

PROSECUTOR : (clears throat) Your Honor...

WILL : Henry Lloyd Beecher in Proverbs from Plymouth Pulpit, 1887, said, and I quote...

PROSECUTOR : 1887?

WILL : Excuse me.

PROSECUTOR : This is the 20th century, Your Honor.

WILL : Excuse me.

PROSECUTOR : He's gonna make a mockery.

WILL : (to prosecutor) I am afforded the right to speak in my own defense, sir, by the Constitution of the United States. This is the same document that guarantees my liberty.

PROSECUTOR : Hey, don't tell me about the Constitution of the United States.

WILL : This guarantees my liberty. Now "Liberty," in case you've forgotten, is "a soul's right to breathe, and when it cannot take a long breath, laws are girded too tight. Without liberty, man is a syncope."

PROSECUTOR : Man is a what?

WILL : (to Judge) Ibid., Your Honor.

낮. 법정. 내부
윌이 말론 판사 앞에 서서 조사를 받고 있다. 그것은 꽤 형식을 차리지 않는 재판이다. 법정은 윌과 검사 이외에는 거의 비어 있다. 램보가 뒤에서 걸어 들어온다.

윌 : 재판장님, 1789년 이래 모든 판례를 보아도 당국을 상대로 피고는 자기변호를 할 수 있습니다. 특히 가혹 행위를 벗어나기 위한 행동이었다면요.

검 사 : (기침한다) 재판장님.

윌 : 1887년 헨리 비처의 저서인 '플리머스 설교단으로부터의 격언'에 의하면…

검 사 : 1887년이라고?

윌 : 이봐요!

검 사 : 지금은 20세깁니다, 재판장님.

윌 : 여보세요.

검 사 : 피고는 법정을 비웃고 있습니다.

윌 : (검사에게) 나에게는 날 변호할 권리가 있습니다, 미합중국의 헌법에도 명시되어 있듯이 난 자유를 보장받고 있어요.

검 사 : 헌법에 대해 뭘 안다고 지껄여?

윌 : 헌법이 내 자유를 보장하죠. 잊으셨나 본데, 자유란 인간의 숨 쉴 권리와 같은 것이죠. 숨쉴 틈조차 없다면 법은 너무 엄중한 거죠. 자유가 없다면 인간은 살아있는 시체와 같아요.

검 사 : 인간이 뭐라고?

윌 : (판사에게) 살아있는 시체말입니다, 재판장님.

- **arraign**
  (피고를 법정에 소환하여 피고)에게 죄상의 진위 여부를 묻다
- **prosecutor**
  검사, 기소자
- **precedent**
  전례, 관례
- **defendant**
  피고(인)
- **deem**
  생각하다, 간주하다
- **tyranny**
  폭정, 가혹 행위
- **gird**
  졸라매다, 묶다, 두르다
- **syncope**
  실신, 졸도, 기절
  = the loss of consciousness in fainting
- **ibid.,**
  ibidem 같은책에

He's gonna make a mockery.
그는 조롱하려는 겁니다.
make a mockery
= laugh at, sneer at mockery
조롱, 놀림, 가짜, 웃음거리.

Zoom In

He's gonna make a mockery.
그는 조롱하려는 겁니다.

JUDGE MALONE : (interrupts) Son, my turn. I've been sitting here for ten minutes now lookin' over this rap sheet of yours. I just can't believe it. (reading) June, '93, assault. September, '93 assault. Grand theft auto, February of '94. Where, apparently, you defended yourself and had the case thrown out by citing "free property rights of horse and carriage" from 1798. Joke. January '95, impersonating an officer. Mayhem, theft, resisting. All overturned. I'm also aware that you've been through several foster homes. The state removed you from three because of serious physical abuse. You know, another judge might care, but you hit a cop. You're going in. (beat) Motion to dismiss is denied. Fifty thousand dollar bail.

The judge pounds the gavel.

WILL : Thank you.

COURT OFFICER : All rise!

INT. SKYLAR'S DORM. DAY

The phone bell rings. Skylar picks up the phone.

SKYLAR : Hello?

WILL : (over the telephone) Uh, Skylar.

SKYLAR : Yup.

WILL : (over the telephone) Hey, uh... it's Will.

SKYLAR : Who?

INT. MIDDLESEX COUNTY JAIL. HOLDING AREA. DAY

말론 판사 : (끼어든다) 이보게, 이젠 내 차렐 세. 지금까지 10분간 자네 이야기를 들으며 자네 전과 기록을 훑어보고 있었는데 놀랍더군. (읽으며) 93년 6월, 폭행죄 입건. 93년 9월 또 폭행죄. 94년 2월에는 차량 절도죄. 게다가 그땐 자기변호를 해서 1798년 마차 소유권을 인용해 기각 시켰더군. 웃을 일이지. 95년 1월에는 경관 사칭죄. 상해, 절도, 체포불응 죄. 모두 패소판정을 받아냈어. 물론 피고가 몇 번이나 입양됐다 파양됐고 그중 세 번은 학대로 인한 강제 파양이란 거 아네. 하지만 경찰을 친 건 용납할 수 없어. (잠시) 따라서 기소기각 신청은 기각한다. 보석금은 5만 달러로 책정한다.

판사가 사회봉을 두드린다.

윌 : 감사합니다.
교도관 : 일동 기립!

낮. 스카일라의 기숙사. 내부
전화벨이 울린다. 스카일라가 전화를 받는다.

스카일라 : 여보세요?
윌 : (전화에서) 스카일라?
스카일라 : 맞는데요.
윌 : (전화에서) 저, 나… 윌이야.
스카일라 : 누구라구?

낮. 구치 구역. 미들섹스 군 감옥. 내부

- **rap sheet**
  전과(前科) 기록.
  • rap
  〈속어〉 형의 선고, 구속
- **assault**
  폭행 (미수), 공격, 강간
- **grand**
  주범의, 중죄의
- **impersonate**
  ~인 체하다, 사칭하다, 체현하다
- **mayhem**
  신체 상해, 대혼란
  = great disorder and confusion
- **bail**
  보석금, 보석 출옥을 허가하다
- **gavel**
  작은 망치, 의사봉

Motion to dismiss is denied.
기소기각 신청은 기각한다
법정 용어로 잘 쓰이는 표현
• dismiss
기각하다
= stop a court case before a result is reached

Zoom In

Motion to dismiss is denied.
기소기각 신청은 기각한다.

WILL : It's Will. You know, the really funny good-looking guy you met at the bar the other night.

SKYLAR : I don't recall meeting anyone who matches that description. I think I'd remember.

WILL : Oh, all right. You got me. It's the ugly, obnoxious, toothless loser who got hammered and wouldn't leave you alone all night.

INT. SKYLAR'S DORM. DAY

SKYLAR : Ohhh, Will! I remember. How are you? I was wondering if you'd call me.

INT. MIDDLESEX COUNTY JAIL. HOLDING AREA. DAY

WILL : Yeah, look. I was wondering if maybe…

At this time a guard walks with a juvie girl down a hallway toward Will.

JUVIE GIRL : Yo, what's up, baby, what's up...?

WILL : Hold on one second. Hey...

JUVIE GIRL : What you doing? Want some of my ass?

WILL : Herve... I remember you from Juvie. How ya doin'?

JUVIE GIRL : What you doin'?

The guard takes the girl down the hallway.

WILL : Uh, yeah, sorry 'bout that. Um... I was wonderin' if maybe we could get together, um... dometimes this week. You know, sit out at a café and maybe uh... have some caramels.

윌 : 윌이라구. 저번에 클럽에서 만났던 잘 생기고 재미있는 사람 말이야.

스카일라 : 그런 애는 기억 안 나는데. 하지만 누군지는 알겠어.

윌 : 좋아. 실토할게. 널 밤새 혼자 놔두었던 이빨 빠지고 비위 상하는 추남 말이야.

낮. 스카일라의 기숙사. 내부

스카일라 : 아, 윌! 기억난다. 어떻게 지내니? 언제 전화해주나 했어.

낮. 구치 구역. 미들섹스 군 감옥. 내부

윌 : 그래, 전화한 용건은…

이때 교도관이 윌을 향해 복도를 따라 소년원의 한 소녀를 데리고 온다.

소년원 소녀 : 어, 무슨 일이야?

윌 : 잠깐만. 이봐!

소년원 소녀 : 뭐해? 나하고 한번 놀아볼래?

윌 : 허베… 이런 소년원 동창이군. 잘 지냈어?

소년원 소녀 : 뭐 하는 거야?

교도관이 소녀를 복도 아래로 데려간다.

윌 : 아, 그래. 기다리게 해서 미안해. 음, 이번 주에 만날까? 만나서 커피나 캐러멜을 먹자구.

- **recall**
  기억나게 하다, 상기하다, 되돌리다
- **You got me.**
  두 손 들었어.
- **obnoxious**
  불쾌한, 아주 싫은
  = very unpleasant or offensive
  = extremely disagreeable
- **get hammered**
  녹초가 되다
  = get defeated completely and easily
  = get attacked, criticised, or punished severely
  • get
  두손들게 하다, 난처하게 하다
- **jail**
  감옥
- **juvie, juvey**
  〈속어〉 소년 범죄자, 소년원, 감화원
- **hallway**
  복도

I was wondering if we could get together.
우리, 만날까?
= I want to know if we could get together.
= Shall we get together?
= Can we get together?
보다 완곡한 표현이다.

Zoom In

I was wondering if we could get together.

우리, 만날까?

INT. SKYLAR'S DORM. DAY

SKYLAR : Oh, well. That sounds wonderful.

WILL : Yeah?

SKYLAR : Yeah, sure. Where are you?

INT. MIDDLESEX COUNTY JAIL. HOLDING AREA. DAY

WILL : Uh... Well, actually, this is just a shot in the dark, but uh... there's no chance that you're uh... prelaw, is there?

INT. INTERROGATION ROOM. MIDDLESEX COUNTY JAIL. LATER
Professor Lambeau sits, waiting. Will is brought in, shackled, by the guard.

COUNT OFFICER : Have a seat.

WILL : Thank you. Nice talking to ya... (to Lambeau) What the fuck do you want?

LAMBEAU : I'm Gerald Lambeau, professor you told to fuck himself.

Lambeau takes a seat opposite to Will.

WILL : Well, what the fuck do you want?

LAMBEAU : I've spoken to the judge and he's agreed to release you under my supervision.

WILL : (suspicious) Really?

LAMBEAU : Yeah.

Will takes out a pack of cigarettes from his trouser poket.

LAMBEAU : But under two conditions.

WILL : What're those?

낮. 스카일라의 기숙사. 내부

스카일라 : 좋아. 반가운 소리네.
윌 : 정말?
스카일라 : 물론. 지금 어디 있는 거야?

낮. 구치 구역. 미들섹스 군 감옥. 내부

윌 : 저, 실은, 그냥 물어보는 건데, 혹시 법학과 지망생은 아니지?

그 후. 미들섹스 군 감옥. 심문실. 내부
램보 교수가 앉아 기다린다. 윌이 수갑을 찬 채 교도관에 의해 끌려들어 온다.

교도관 : 앉아.
윌 : 고마워요. 얘기 즐거웠어요. (램보에게) 젠장, 원하는 게 뭐요?
램 보 : 난 제럴드 램보다. 전에 자네가 욕을 퍼부은 교수지.

램보가 윌과 마주 앉는다.

윌 : 그래서 뭘 원하는 거요?
램 보 : 판사님한테 말씀드려서 내 보호속에 널 석방하기로 동의하셨다.
윌 : (의심스럽게) 그래요?
램 보 : 그래.

윌이 바지 주머니에서 담배를 꺼낸다.

램 보 : 대신 두 가지 조건이 있어.
윌 : 뭐죠?

- **a shot in the dark**
  막연한 추측
- **prelaw**
  법학 과정 출석자(학생)
- **interrogation**
  심문, 질문
- **shackle**
  수갑(족쇄)을 채우다, 사슬로 묶다
  = tie up (as if) with shackles = something joined metal rings, for fastening the arms or legs to each other or to something else, so as to prevent movement
- **supervision**
  감독, 관리, 지휘
  = the act or fact of supervising
  • supervise
  = keep watch over as the person in charge

Nice talking to ya.
얘기 즐거웠어요.
nice 다음에 talking이 오면 지금까지 이야기한 것이 즐거웠다는 말이 된다. 즉 헤어질 때 사용하는 표현.

Zoom In

Nice talking to ya.
얘기 즐거웠어요.

LAMBEAU : The first condition is that you meet with me every week.

WILL : What for?

LAMBEAU : Go over the proof you're working on... get into some, more advanced... combinatory mathematics. Finite math.

Lambeau strikes a light in Will's place and lights Will's cigarette.

WILL : Sounds like a real hoot.

LAMBEAU : And the second condition is that... that you see a therapist.

Will laughs.

LAMBEAU : And I'm responsible to submit reports on those meetings. If you fail to meet with any of those conditions, you will have to serve time.

WILL : All right, I'll do the math, but I'm not gonna meet with any fuckin' therapist.

LAMBEAU : It's better than spending that time in jail, isn't it?

EXT. MIDDLESEX COUNTY JAIL. DAY

Lambeau and Will walks out of the building.

INT. LAMBEAU'S OFFICE. NIGHT

Lambeau and Will sit side by side in front of the chalkboard. Will rises and solves the math problem on the chalkboard. Satisfied, Lambeau gives Will five. They laugh together. Lambeau strokes Will's head. Tom looks at them, deflated.

INT. WILL'S APARTMENT. NIGHT

Will sits alone in his one room apartment, reading. Will is flipping through the book at about a page per second. Upon finishing the book, he throws it on a nearby sofa. On the back of the book, a smiling psychologist is pictured.

램 보 : 첫째, 매주 날 만나줘야 해.
윌 : 뭐 때문에요?
램 보 : 네가 풀었던 수학 증명을 검토하고 좀 더 어려운 수리 조합과 유한 수학을 공부하려는 거야.

램보가 윌을 대신해서 성냥을 그어 윌의 담배에 불을 붙여준다.

윌 : 재미있겠네요.
램 보 : 두 번째 조건은 정신과 치료를 받는 것이지.

윌이 웃는다.

램 보 : 내겐 치료에 대한 보고서를 제출할 의무가 있거든. 둘 중 어느 조건이라도 이행하지 않으면 남은 복역기간을 채워야 해.
윌 : 그래요. 수학은 얼마든지 좋지만, 정신과 치료는 필요 없어요.
램 보 : 그래도 감옥보다는 훨씬 낫잖아?

낮. 미들섹스 군 감옥. 외부
램보와 윌이 건물 밖으로 걸어 나온다.

밤. 램보의 사무실. 내부
램보와 윌이 칠판 앞에 나란히 앉아 있다. 윌이 일어서서 칠판 위에 수학 문제를 푼다. 램보는 만족해서 윌의 손을 마주치고 같이 웃는다. 램보가 윌의 머리를 쓰다듬는다. 톰이 그들을 보고 자신을 잃는다.

밤. 윌의 아파트. 내부
윌이 자신의 방에 홀로 앉아 책을 읽는다. 윌은 1초당 한 페이지씩 책장을 넘긴다. 책을 다 읽자, 그는 책을 옆의 소파 위에 던진다. 책 뒤편에는 웃고 있는 한 정신분석 의사의 사진이 있다

- **combinatory mathematics**
  수리조합(수학)
- **finite math**
  유한 수학
  - finite
    유한의, 한계가 있는
- **Sounds like a real hoot.**
  '진짜 시시하겠네요'의 뜻이지만 여기서 '재미있겠네요'라고 한 것은 반어적으로 번역한 표현임에 주의
  - hoot
    시시한 것
- **therapist**
  치료 전문의, 임상의사
- **submit**
  제출하다, 제기하다
  = offer for consideration
  = suggest or say
- **give a person five**
  남과 악수하다, 손을 빌려주다

Movie Talk 03

'굿 윌(훌륭한 마음)'이 '헌팅(찾음)'을 시작하지만…

일차적인 '갈등(conflict)'은 어떻게 시작될까? 우선 착한 마음씨를 지닌 스카일라가 적극성을 띤다. 상처받기 쉬운 젊은 영혼을 달래면서 어두운 터널을 빠져나오게 하려면 상처받은 환자가 아니라, 달래고 치유하는 쪽에서 행동을 취해야 한다. 굳게 닫혀 있는 윌의 마음을 두드리는 것은 여자인 스카일라가 적격일 수밖에…

자신의 스트레스를 풀면서 그녀 앞에서 클라크를 한 방 먹인 윌이지만 그렇다고 스카일라에게 쉽게 접근할 수 있는 성격이 못 된다. 그녀처럼 대학생도 아니요 옷으로 보나 외모로 보나 귀족이나 다름없는 스카일라에게는 게임이 안 된다는 걸 알고 있기 때문이다. 윌의 접근을 기다리다 지친 그녀는 과감하게 그에게 자신의 전화번호를 준다. 물론 클라크와의 관계를 해명하고, 쓸데없이 돈이나 탕진하는 하버드대학생으로서의 손상된 이미지를 받아들여 윌에게 접근할 수 있는 여지를 남긴다.

밖으로 나온 윌의 일당은 신이 났다. 다시 클라크를 이용하는 것은 플롯상 현명한 일이다. 이번에는 지식으로 대학생이 아닌 나도 여자를 얻을 수 있다는 자신감에 클라크를 다시 공격한다. 사회 계급이나 상

류층 여자에게 다소 자신감을 느끼게 된 그가 자학적으로 클라크를 무참하게 정신적으로 짓밟는다. 윌이 자신감을 느끼는 것은 앞으로의 그의 행보에 매우 중요한 일이다.

윌 일당의 일과는 맥주나 퍼마시고, 목적 없이 배회하며 밤을 지새우고, 각자 홀로 사는 아파트에서 쓰러져 잠깐 눈을 붙인 후, 다시 패스트푸드로 배를 채우고는 공사판으로 향하는 것이다. 이쯤 해서 감상적인 음악이 흐르는 것은 영화의 분위기에 적합하다. 특히 관객의 마음을 달래는 데 매우 효과적이지 않을까?

이제 램보 교수의 차례다. 자식을 선도하는 데 있어 어머니가 할 역할과 아버지가 할 역할은 다른 것이다. 그는 자존심을 내팽개치고 윌의 수학적 능력을 높이 평가하면서 그를 돕고 싶어한다. 그는 지금까지 윌이 겪었던 양아버지와는 다른 아버지의 상을 표출한다. 윌을 약간만 훈련하면 분명히 아인슈타인을 능가할 수 있다는 것을 확신하고 그를 어떻게든 자기 학교로 데려와, 그와 공동 작업을 하기를 원하는 것이다. 그런 그에게 하층민인 관리소장과 동료의 비

웃음 따위가 무슨 상관일까?

그러나 그토록 머리가 비상한 윌도 어떻게 하지 못하는 것이 한 가지 있다. 폭행죄로 재판을 받게 된 윌은 수감될 위기에서 벗어날 수가 없다. 마침내 윌을 찾아낸 램보 교수는 재판과정에서 윌의 다른 면을 발견하고 더욱 만족의 미소를 짓는다. 윌은 그동안 자신이 치른 재판에서처럼 검사와 재판관을 박식한 지식을 바탕으로 한 궤변으로 공략하지만, 이번에는 통하지 않는다. 그렇다면 지금 윌의 상황에서 누구에게 매달릴 것인가? 방황하는 마음을 달래 줄 사람은 스카일라밖에 없을 것이다. 하지만 그것은 실질적 도움이 되지 못한다. 그렇다면?

Chapter 4

천재가 천재를 안다

A Genius Knows a Genius

시간 00:28:57 ~ 00:37:15

INT. PSYCHOLOGIST'S OFFICE. CONTINUOUS

Will sits in a well decorated Psychologist's office. Across from Will sits the same psychologist, Henry Lipkin, from the book. They are in mid-session.

WILL : I read your book, and uh... and "Mike" was having the same problems that "Chad", the stockbroker, was havin'.

PSYCHOLOGIST : Absolutely right. Right on the button. Good for you, Will. Very nice.

WILL : Thank you.

PSYCHOLOGIST : Will, the pressures, and I am not judging them. I'm not uh... labeling them, but they're destroying your potential. No more shenanigans, no more tomfoolery, no more ballyhoo.

WILL : You're right. God, I know.

PSYCHOLOGIST : You're not gonna get off that easily. Com' on, Will. A bit more.

정신과 의사의 사무실. 내부. 계속
윌은 잘 장식된 정신과 의사의 사무실에 앉아 있다. 윌 맞은편에는 책 사진에 나왔던 정신과 의사인 헨리 립킨이 앉아 있다. 그들은 지금 대담 중이다.

윌 : 선생님 책을 읽었는데, 거기에 나오는 마이크는 주식 중매인 채드와 같은 문제를 안고 있던 데요.

정신과 의사 : 옳은 말이네. 요점을 아주 잘 집었군. 좋아요, 윌.

윌 : 감사합니다.

정신과 의사 : 윌, 난 자네의 고통을 함부로 분석하려는 게 아닐세. 다만 그것이 자네의 잠재력을 망치고 있네. 하나 마나 한 말을 떠들어 봤자 시간 낭비일세.

윌 : 그렇죠. 저도 잘 압니다.

정신과 의사 : 쉽게 고통을 덜 수는 없겠지만 조금만 더 노력해 보게.

- **on the botton**
〈속어〉 정확히, 꼭
= exactly right or on time

- **label**
분류하다, 딱지를 붙여 ~라고 표시하다

- **potential**
잠재력, 가능성

- **shenanigan**
〈구어〉 허튼 소리, 사기, 협잡
= rather dishonest practices or tricks

- **tomfoolery**
바보 짓, 어리석은 짓, 몰상식
= foolish behavior

- **ballyhoo**
큰소리로 떠들기, 소란, 과대 선전
= ways of trying to gain public attention by making a lot of noise, used as medicine or to lessen pain

WILL : Well, I mean, I do... I do... do other things, you know?

PSYCHOLOGIST : What uh... what kinda things?

WILL : I do things that, you know, I mean, I hide from... from people.

PSYCHOLOGIST : You hide, do you?

WILL : No, no. I mean I like... I go places. I interact, you know.

PSYCHOLOGIST : Really? What sort'a places?

WILL : Just certain clubs.

PSYCHOLOGIST : More. That's nice. Yes. What sort of clubs?

WILL : Like uh... like fantasy.

PSYCHOLOGIST : Fantasy? That's nice. A bit more.

WILL : It's something, like, when you get in there and the music, like, owns you.

PSYCHOLOGIST : Um-hum.

WILL : It's like that house music. It's like bom, bom, bom, bom-bom-bom, boom boom boom boom! You know, you start dancin' and it's just...

PSYCHOLOGIST : Boom... boom... boom... yes. (laughs)

WILL : (chuckles and sighs) Yeah... Do you find it hard to hide the fact that you're gay?

PSYCHOLOGIST : (stammers) What're you... what're you talking about? Whaaat?

WILL : Look, buddy, two seconds ago you were ready to give me a jump.

PSYCHOLOGIST : (a little laugh) A jump? Are you...? I'm terribly sorry to disappoint you, but...

WILL : Hey, I don't have a problem with it. I don't care if you putt from the rough.

윌 : 사실, 남몰래 하기는 힘들어요.
정신과 의사 : 뭘 하는데?
윌 : 다른 사람들한테 제 감정을 숨기는 거요.
정신과 의사 : 그래?
윌 : 아니요. 제 말은 여기저기 가서 사람들과 얘기를 나눠요.
정신과 의사 : 정말? 어떤 장소인데?
윌 : 클럽 같은 곳이요.
정신과 의사 : 좋지. 그런데 어떤 종류의 클럽이지?
윌 : 판타지 같은 곳이요.
정신과 의사 : 판타지? 좋아. 계속해.
윌 : 거기 가면 마치 음악의 포로가 되는 기분이 들어요.
정신과 의사 : 으흠.
윌 : 마치 클럽의 음악처럼 빵빵빵! 붐붐붐! 그럼 춤을 추기 시작하죠.
정신과 의사 : 붐… 붐… 붐. 그래. (웃는다)
윌 : (낄낄 웃으며 한숨 쉰다) 선생님이 게이라는 것도 숨기기 힘드나요?
정신과 의사 : (더듬거린다) 자네, 무슨 소린가? 게이라니?
윌 : 이봐요, 아까만 해도 날 덮칠 기세였잖아요?
정신과 의사 : (약간 웃으며) 덮쳐? 자네…? 실망하게 해서 미안하게 됐지만…
윌 : 괜찮아요. 난 선생님이 누구하고 붙어먹든 알 바 아니죠.

- **interact**
  서로 작용하다, 서로 영향을 미치다
  = have an effect on each other or something else by being or working close together
- **fantasy**
  환상, 환각, 공상, 백일몽
  = imagination when unlimited or allowed complete freedom
  = something produced from free imagination, whether expressed in words or not
- **house music**
  하우스 뮤직 (신시사이저를 이용한 댄스 음악의 일종)
- **gay**
  〈속어〉 (남성) 동성연애자
  = a homosexual person, esp. a man
- **putt**
  〈골프〉 퍼트하다, 가볍게 공을 쳐서 구멍에 넣다
- **rough**
  〈골프〉 러프(풀이 손질되지 않은 코스, 울퉁불퉁한 땅)

What're you talking about?
무슨 소릴 하는 건가?, 무슨 헛소리야?
What the hell [on earth] are you talking about? 로도 쓰인다.

Zoom In

What're you talking about?

무슨 소릴 하는 건가?

PSYCHOLOGIST : What are you...? Pu... putting from the rough? What on earth are you talking about?

INT. HALLWAY. CONTINUOUS
Lambeau is talking to a female student.

LAMBEAU : A difficult theorem could be like a... symphony. It's very erotic.

PSYCHOLOGIST : (V.O.) You go somewhere else. I can't handle this.

FEMALE STUDENT : Wow!

WILL : (V.O.) Thank you, Henry.

The door opens and the psychologist comes walking out, much to the surprise of Lambeau and Tom who have been waiting in the lobby.

LAMBEAU : (grunting) Ah, Henry.

PSYCHOLOGIST : Hi, Gerry. Hey, You know something? I can't do this pro-bono work anymore. It's just not... It's not worth it.

LAMBEAU : What happened?

PSYCHOLOGIST : Well, I'm going on national television next week. I mean, and I haven't got time to tell you, much less talk to that raving looney in there. An absolute lunatic, he is.

LAMBEAU : (V.O.) Henry...

Will sitting on a sofa in the psychologist's office is seen. He smokes.

INT. HYPNOTIST'S OFFICE . CONTINUOUS
Will is reclining, eyes closed, in a trance-like state.

HYPNOTIST : Okay. You're in your bed. Will, now how old are you?

정신과 의사 : 도대체 자네… 붙어먹다니? 도대체 무슨 소린가?

복도. 내부. 계속
램보가 한 여학생에게 말하고 있다.

램 보 : 고등 정리는 마치 교향곡처럼 온몸에 전율을 주지.
정신과 의사 : (목소리) 다른 데 가보게. 난 다룰 수 없네.
여학생 : 와!
윌 : (목소리) 고맙습니다, 헨리 선생님.

문이 열리고 정신과 의사가 걸어 나온다. 로비에서 기다리고 있던 램보와 톰은 몹시 놀란다.

램 보 : (투덜거리며) 오, 헨리.
정신과 의사 : 이보게, 제리. 더는 자원봉사는 않겠네. 이건 시간 낭비야.
램 보 : 왜 그러세요?
정신과 의사 : 다음 주면 전국 텔레비전 방송에 출연할 건데 자네와 이야기할 시간도 없고 저런 미치광이한테 할애할 시간도 없네. 완전히 돈 녀석이야.
램 보 : (목소리) 헨리…

윌은 정신과 의사의 사무실 소파에 기대앉아서 담배를 피운다.

최면술사의 사무실. 내부. 계속
윌이 눈을 감은 채, 혼수상태에 빠진 채 누워 있다.

최면술사 : 좋아, 넌 지금 침대에 누워 있다. 윌, 지금 몇 살이지?

- **erotic**
  성애의, 성욕적인, 호색적인
- **grunt**
  투덜거리다, 중얼중얼 불평하다
- **pro-bono**
  무료의, 무료로 하는
  = free, done for the public and not money, esp. done by a lawyer or group of lawyers
- **rave**
  헛소리를 하다, 미친 듯이 종잡을 수 없는 말을 하다
- **loony**
  정신 이상자, 미치광이
  = a person who is mad or foolish
  = lunatic
- **lunatic**
  미친 사람, 정신 이상자, 미련퉁이
- **hypnotist**
  최면술사
- **recline**
  기대다, 눕다, 의지하다
- **trance**
  최면 상태, 몰아, 황홀
  = a sleeplike condition of the mind in which one does not notice the things around one

It's not worth it.
그만한 가치가 없어.
worth it 〈구어〉 그만한 보람이 있는

Zoom In

It's not worth it.
그만한 가치가 없어.

WILL : Seven.

HYPNOTIST : And what do you see?

WILL : Someone's in my room.

HYPNOTIST : What is it?

WILL : It's like... uh... it's a figure. It's uh... hoverin' over me.

HYPNOTIST : You're in a safe place, Will.

WILL : It's tou.... (sighs) It's touching me.

HYPNOTIST : Where is it touching you?

WILL : It's touchin' me down there... and I'm nervous.

Lambeau and Tom are watching them.

HYPNOTIST : You don't have to be nervous, Will.

WILL : We start dancin' and dancin' and it's just beautiful, 'cause we can make a lot of love before the sun goes down.

Will breaks into song at full volume.

WILL : "Skyrockets in flight. Afternoon delight! Hey, hey, hey, afternoon delight!"

LAMBEAU : Jesus.

WILL : (sings) *"Skyrockets in flight, da-da-da-da-da. Oh, come on, let's dance."*

LAMBEAU : I'm sorry, Rich.

HYPNOTIST : I have better things to do with my time.

The hypnotist gets up and starts heading towards the door.

윌 : 일곱 살이요.
최면술사 : 지금 뭐가 보이나?
윌 : 누군가 방 안에 있어요.
최면술사 : 뭔데?
윌 : 마치 어른거리는 것이 머리 위를 날아다녀요.
최면술사 : 넌 안전하니까 걱정하지 마, 윌.
윌 : 그게… (한숨 쉰다) 그게 날 만지고 있어요.
최면술사 : 어딜 만진다는 거지?
윌 : 내 아래쪽이요. 너무 떨려요.

램보와 톰이 그들을 지켜보고 있다.

최면술사 : 긴장을 풀어요, 윌.
윌 : 우린 춤을 추기 시작했어요. 너무 아름다워요. 해가 저물기 전에 우린 많은 사랑을 나눌 수 있다네.

윌이 큰소리로 노래를 부르기 시작한다.

윌 : "하늘 위로 솟아오르는 비행기! 오후의 쾌락! 헤이, 오후의 쾌락!"
램 보 : 맙소사.
윌 : (노래한다) "하늘 위로 솟아오르는 비행기! 다-다-다-다. 어서 춤을 춥시다."
램 보 : 죄송해요, 리치.
최면술사 : 이건 시간 낭비인 것 같군요.

최면술사가 일어나 문을 향해 가기 시작한다.

■ **nervous**
떨리다
= high-strung 신경질적인
• a nervous disorder
신경 장애

■ **hypnotist**
최면술사
= mesmerist

I have better things to do with my time.
이 시간에 다른 일을 하는 게 더 좋겠군요.
= I would rather die than do it
= It's waste of time

Zoom In

I have better things to do with my time.
이 시간에 다른 일을 하는 게 더 좋겠군요.

WILL : (gets up and sings) *"Hey, hey, hey. Afternoon delight! Com' on! One dance!" You... you really hypnotized me, you know.*

LAMBEAU : Oh, for God's sake, Will.

WILL : What? Oh, come on! I... he left. You can't pin that on me.

LAMBEAU : I told you to cooperate with these people.

Will shakes a bunch of keys in front of Lambeau's face.

WILL : (spooky voice) Look... into my eyes.

LAMBEAU : Get out, Will.

WILL : I don't need therapy.

LAMBEAU : That's enough! Get out!

WILL : (Imitating spooky sound) Aaaaaaaaaaaaaa...

Will is out the door.

TOM : I called Mel Weintraum this morning, to see if he was...

LAMBEAU : Oh, what's the use?

TOM : What do you wanna do?

LAMBEAU : (sighs) *Well, there is someone...*

TOM : Who is he?

LAMBEAU : He used to be my... um, my roommate in college.

EXT. BUNKER HILL COMMUNITY COLLEGE CAMPUS. DAY

INT. A CLASSROOM IN BUNKER HILL. DAY
Sean Maguire lectures to the class in a resigned tone.

윌 : (일어나 노래한다) *"헤이, 오후의 쾌락! 어서요, 우리 춤을 춥시다! 난 완전히 최면에 걸렸어요."*
램 보 : 제발, 장난 그만해, 윌!
윌 : 뭐라고요? 왜 가는 거죠? 이번엔 내 잘못이 아니에요.
램 보 : 제발 이 사람들한테 협조하라고 했잖아.

윌이 램보의 얼굴 앞에서 열쇠 뭉치를 흔든다.

윌 : (섬뜩한 목소리로) 제 눈을 똑바로 봐요.
램 보 : 나가, 윌.
윌 : 난 정신과 치료가 필요 없다고요.
램 보 : 그 정도만 하라니까! 나가!
윌 : (섬뜩한 목소리를 흉내 내며) 아아아아아아아…

윌이 문밖으로 나간다.

톰 : 아침에 바인트라움 박사께 전화했어요. 혹시 그가…
램 보 : 무슨 소용이 있어?
톰 : 어쩌시려고요?
램 보 : (한숨 쉰다) 적임자가 있는데…
톰 : 누군데요?
램 보 : 대학 시절 한때 내 룸메이트야.

낮. 벙커 힐 단과대학 캠퍼스. 외부

낮. 벙커 힐 대학의 한 교실. 내부
숀 맥과이어가 수업시간에 체념한 듯한 목소리로 강의를 하고 있다.

■ **hypnotize**
최면술을 걸다, 매료하다
= produce hypnosis in hypnosis
= a sleeplike state in which a person's mind and actions can be influenced by the person who produced the state

■ **cooperate**
협력하다
= work or act together for a shared purpose

■ **spooky**
섬뜩한, 유령이 나올 듯한, 겁을 집어먹은
= causing fear in a strange way, eerie

■ **What's the use?**
무슨 소용이 있어?

■ **resigned**
체념한, 단념한, 고분고분한
= typical of a person who has resigned oneself to something unpleasant

You can't pin that on me.
그걸 내 탓으로 돌리지 마시오..
pin ~ on... 〈구어〉 ~을 …의 책임으로 돌리다.

Zoom In

You can't pin that on me.
그걸 내 탓으로 돌리지 마시오.

SEAN : Trust... very important... in a relationship. It's also very important in a clinical situation. Why is trust the most important thing in making a breakthrough with a client? (sees an indifferent girl student) Maureen, stop the oral fixation for a moment and join us.

Maureen's only response is an empty stare.

SEAN : (to a boy student) Vinnie!

VINNIE : Um, because uh... Trust is... uh... trust is life.

SEAN : Wow. That's very deep. Thank you, Vinnie.

INT. HALLWAY. CONTINUOUS

Lambeau walks up to see Sean.

SEAN : (V.O.) Next time, get the notes from your brother. If a patient doesn't feel safe enough to trust you, then they won't be honest with you. Then there's really no point for them being in therapy. I mean, hey, if they don't trust you, you know, you're never gonna get them to sleep with you and that should be the goal of any good therapist... Nail 'em while they're vulnerable. That's my motto.

Laughter.

SEAN : Oh, good. Everyone's back. Welcome back, everybody.

Lambeau opens the classroom door. Sean starts to resume his lecture, when he notices Lambeau standing at the door of the room. There is an awkward moment.

숀 : 믿음… 이것은 남녀 관계에서도, 임상에서도 중요한 일이다. 환자와 친해지는데 왜 믿음이 가장 중요할까? (한 무관심한 여학생을 본다) 모린, 입술 딱 붙이고 있지 말고 한 번 대답해 봐.

모린의 유일한 반응은 공허한 시선이다.

숀 : (남학생에게) 비니!
비 니 : 왜냐하면 믿음은 생명이니까요.
숀 : 와, 심오한 대답이었다. 고맙다, 비니.

내부. 복도. 계속
램보가 숀을 만나러 걸어온다.

숀 : (목소리) 다음 시간에는 상급생에게 메모를 받아와라. 의사에게 믿음이 있어야만 환자가 마음을 터놓게 된다. 안 그렇다면 치료 자체의 의미가 없지. 환자가 의사를 믿지 못한다면 결코 네 잠자리까지 같이 가는 건 상상도 못 할 거다. 모든 정신과 의사들의 꿈이 그거거든! 얻을 수 있을 때 얻자는 게 내 좌우명이다.

웃음.

숀 : 좋아. 역시 요상한 얘길 하니까 귀가 번쩍 하나 본데?

램보가 교실 문을 연다. 숀은 강의를 계속하기 시작한다. 이때 그는 램보가 교실 문에 서 있는 것을 본다. 어색한 순간이 흐른다.

- **clinical**
  병상의, 임상의, 병실용의
- **breakthrough**
  해명, 난관의 돌파, 타개, 중대한 진보
  = an important advance or discovery, often after earlier failures
- **fixation**
  고정, 고착, 응고
- **nail**
  못 박다, 못질하여 붙이다
- **vulnerable**
  (유혹 따위에) 넘어가기 쉬운, 상처받기 쉬운, 약한
  = weak
  = not well protected
  = able to be easily attacked
  = easily harmed, hurt, or wounded
- **resume**
  (중단했던 것을) 다시 시작하다, 다시 계속하다
  = begin again after a pause

Stop the oral fixation for a moment and join us.
입술을 딱 붙이고 있지 말고 참여해.
= like a cat in a strange garret.

Zoom In

Stop the oral fixation for a moment and join us.

입술을 딱 붙이고 있지 말고 참여해.

LAMBEAU :	Hello, Sean.
SEAN :	Hey, Gerry. Um... Ladies and gentlemen, we're in the presence of greatness. Professor Gerald Lambeau is a Field's Medal winner. Combinatorial Mathematics.
LAMBEAU :	Hello.
SEAN :	Anyone know what the Field's Medal is? It's a really big deal. It's like the Nobel Prize for math, except they only give it out once every four years. It's a great thing. It's an amazing honor. Okay, everybody, that's it for today. Thanks and... we'll see you Monday. We'll be talking about Freud, and why he did enough cocaine to kill a small horse. Thank you. (to Lambeau) How are you?

Sean steps down from the lecturn and shakes hands with Lambeau.

LAMBEAU :	It's good to see you.
SEAN :	Good to see you.
LAMBEAU :	Sean.
SEAN :	Yeah?
LAMBEAU :	I think I got something interesting for ya.
SEAN :	What? You have to have blood and urine? What's up?

INT. LOCKOBER RESTAURANT. NIGHT

Lambeau and Sean share a table at this exclusive restaurant.

LAMBEAU :	Why didn't you come to the reunion?
SEAN :	Ah... you know, I'm... I've been busy.
LAMBEAU :	You were missed.

램 보 : 오랜만이네, 숀.

숀 : 어서 오게, 제리. 여러분, 우리 교실에 유명 인사께서 왕림하셨다. 수리 조합학의 수훈상 수상자이신 제럴드 램보 교수이시다.

램 보 : 반갑네.

숀 : 수학 수훈상이 뭔지 아나? 수학 분야의 노벨상 같은 대단한 상이다. 4년에 한 번씩 주는 것만 빼면 말이야. 아주 대단하고 영예로운 상이지. 그럼 오늘 수업은 여기까지 하고 월요일엔 프로이트가 왜 작은 말을 죽일 만큼의 마취제를 썼는지 공부하겠다. 수고들 했어요. (램보에게) 잘 지냈어?

숀이 강단 아래로 내려와 램보와 악수를 한다.

램 보 : 정말 반갑군.

숀 : 반가워.

램 보 : 숀.

숀 : 으응?

램 보 : 자네가 흥미로워 할 게 있어.

숀 : 뭔데? 혈액이나 소변 샘플이라도 있나? 무슨 일이야?

밤. 록코버 식당. 내부

램보와 숀이 고급 식당의 식탁에 앉아 있다.

램 보 : 동창회엔 왜 안 나왔어?

숀 : 알잖아. 바빴어.

램 보 : 다들 보고 싶어 했어.

- **It's a really big deal.**
  그건 정말 대단한 거야.
  - a big deal
    중요한 것 [사람]

- **cocaine**
  코카인, 국소 마취제

- **urine**
  소변, 오줌

- **exclusive**
  값비싼 것을 파는, 고급의, 화려한

You were missed.
다들 자넬 보고 싶어했네.
We missed you의 수동형으로 잘 쓰이는 표현이다.
- miss
  = feel sorry or unhappy at the absence or loss of

Zoom In

You were missed.

다들 자넬 보고 싶어했네.

SEAN : Really?

LAMBEAU : So, how long has it been since we've seen each other?

SEAN : Before Nancy died.

LAMBEAU : Uh, yeah, I'm sorry. I was in Paris. It was that damn conference. I...

SEAN : I got your card. It was nice.

INT. FUNLAND. DAY

Will and Chuckie walk up to an enclosed trampoline. Billy and Morgan prefer to use it for their own version of "Wrestlemania." As Will and Chuckie approach, Billy is on top of a bloodied Morgan and has him in the "Cobra Clutch." Will and Chuckie watch for a beat. Billy tightens his grip.

BILLY : (grunting) Come here! Submit!

Being strangled, Morgan groans.

WILL : Now that's a takedown.

Chuckie turns to Will conspiratorially.

CHUCKIE : Hey, uh... What happened? Did you uh... get leniency or what?

WILL : I got uh... probation, and then, uh... counselin', two days a week.

CHUCKIE : Joke. You're a smoothie. (to Morgan) Com'on, Morgan. Just submit!

MORGAN : (groaning) Uueeeuuunnnh!

WILL : Hey, Bill, just... just get of him. We're gonna miss the game.

숀 : 정말이야?

램 보 : 그러니까 우리가 마지막으로 얼굴 본 게 언제였지?

숀 : 낸시가 죽기 전이지.

램 보 : 정말 미안해. 그때 파리에 가 있었거든. 망할 놈의 회의 때문에. 난…

숀 : 카드는 받았어. 고마웠네.

낮. 놀이장. 내부

윌과 처키가 둘러막은 트램펄린으로 걸어온다. 빌리와 모건은 그 위에서 그들만의 '레슬링광'을 하는 데 사용한다. 윌과 처키가 다가오자 빌리는 전투를 벌이고 있는 모건을 덮쳐 '코브라식 목조르기'를 한다. 윌과 처키가 잠시 지켜본다. 빌리가 더욱 조르기의 강도를 높인다.

빌 리 : (신음하면서) 빨리 항복해!

모건이 조르기를 당한 채 신음한다.

윌 : 멋진 누르기 솜씨야.

처키는 공모를 꾸미 듯이 윌에게 돌아선다.

처 키 : 이봐, 어떻게 된 거야? 관용 덕을 본 거야?

윌 : 집행유예를 받았어. 게다가 매주 두 번 정신과 치료를 받아야 해.

처 키 : 재밌군. 너 솜씨 좋은데. (모건에게) 야, 모건, 항복해!

모 건 : (신음하며) 으으으흐흐흐흐!

윌 : 이봐, 빌. 빨리 끝내버려. 이러다 시합 놓치겠다.

- **conference**
  회의
  = a formal meeting between people who share the same business interests or belong to the same political party, which is held so that opinion and ideas can be exchanged.

- **trampoline**
  트램펄린 (수평으로 팽팽하게 설치한 즈크제의 네모진 매트. 탄성을 이용해 그 위에서 각종 도약 연기를 한다)

- **wrestlemania**
  레슬링광

- **cobra clutch**
  코브라 식(式)으로 움켜잡기

- **strangle**
  (목)을 죄다, 목졸라 죽이다

- **conspiratorially**
  음모를 하듯이

- **leniency**
  관대함, 자비
  • lenient
  = not severe in judgment or punishment
  = gentle

- **probation**
  집행 유예, 보호 관찰

- **smoothie**
  〈구어〉 고상한 사람, 구변이 좋은 사람
  = smoothy

Counseling', two days a week.
매주 두 번 씩 상담해야 해.
a ~ 마다, ~에 대하여 (per) 「수사+a[an]+단위를 나타내는 가산 명사의 단수형」의 형태.
twice a month, 50miles an hour

Zoom In

Counseling', two days a week.

매주 두 번 씩 상담해야 해.

INT. LOCKOBER RESTAURANT. NIGHT

SEAN :	I've got a full schedule. I'm very busy.
LAMBEAU :	Sean, Sean.
SEAN :	And I'm very busy with a full schedule.
LAMBEAU :	This... this boy is incredible. I've never seen anything like him.
SEAN :	What makes him so incredible, Gerry?
LAMBEAU :	You ever heard of Ramanujan?
SEAN :	Yeah, yeah. No.
LAMBEAU :	It's a man.
SEAN :	Um.
LAMBEAU :	He lived over a hundred years ago. He was uh... Indian. Dots, not feathers.
SEAN :	Not feathers. Yeah.
LAMBEAU :	And he lived in this tiny hut somewhere in India. But he had no formal education. He had no access to any scientific work.
WAITER :	Coffee?

Lambeau declines with thanks.

WAITER :	You, sir?
SEAN :	Just a little.
LAMBEAU :	And um... but he came across this old math book and from the simple text, he was able to extrapolate theories that had baffled mathematicians for years.
SEAN :	Yeah, continued fractions. He uh... he wrote it with a...
LAMBEAU :	Well he... he mailed it to Hardy at Cambridge.
SEAN :	Yeah. Cambridge. Yeah.

밤. 록코버 식당. 내부

숀 : 스케줄이 꽉 찼다고. 바빠서 안 돼.
램 보 : 숀, 숀.
숀 : 스케줄이 꽉 차서 바쁘다니까.
램 보 : 내 생전에 이렇게 놀라운 애는 처음 봤어.
숀 : 뭐가 그렇게 놀라운 데, 제리?
램 보 : 라마누잔이라고 들어봤어?
숀 : 그래. 아니 몰라.
램 보 : 저명한 사람이야.
숀 : 그래.
램 보 : 백년 전에 살았던 인도 사람이지. 이마에 점, 알지?
숀 : 그래, 알아.
램 보 : 어쨌든 그는 인도의 한 작은 오두막에서 살았고 과학은커녕 교육이라곤 받지 못한 남자였어.
웨이터 : 커피 드릴까요?

램보가 정중히 거절한다.

웨이터 : (숀에게) 선생님은?
숀 : 조금만요.
램 보 : 그런데 우연히 고대 수학책을 손에 넣었고, 그걸로 수학이론을 만들어 수년간 수학자들의 혼을 빼놨었어.
숀 : 맞아. 연분수를 만들어서…
램 보 : 그것을 케임브리지 대학 수학자 하디한테 보냈었지.
숀 : 그래, 케임브리지, 맞아.

- **have access to**
  ~에 접근하다, 입수하다
- **decline**
  거절하다, 거부하다
  = refuse (a request or offer) politely
- **extrapolate**
  〈수학〉 (이미 알려진 사실이나 관찰에서 결과나 결론을) 추정하다
  = work out (the value of a number which depends on measurements) by filling in the other measurements beyond those already known
- **baffle**
  당황하게 하다, 어리둥절하게 하다
- **fraction**
  〈수학〉 분수

I've got a full schedule.
난 스케쥴이 꽉 찼어.
바쁠 때 자주 쓰이는 표현
- a full schedule
  =a tight schedule

Zoom In

I've got a full schedule.

난 스케쥴이 꽉 찼어.

LAMBEAU : Cambridge.

SEAN : Yeah.

LAMBEAU : And Hardy immediately recognized the brilliance of his work.

SEAN : Um-hum.

LAMBEAU : And brought him over to England. And they worked together for years creating some of the most exciting math theory ever done. Now this... this Ramanujan, his… his genius was unparalleled, Sean. Well, this boy is just like that.

SEAN : Hmm.

LAMBEAU : But he's um... he's a bit defensive.

SEAN : Hmm.

LAMBEAU : I need someone who can get through to him.

SEAN : Like me?

LAMBEAU : Yeah, like you.

SEAN : Why?

LAMBEAU : Well, because you have the same kind of background.

SEAN : What background?

LAMBEAU : Well, you're from the same neighborhood.

SEAN : He's from Southie?

LAMBEAU : Yeah.

SEAN : Boy genius from Southie… How many shrinks you go to before me?

LAMBEAU : Five.

Sean gives a slight, knowing smile.

SEAN : Let me guess. Barry?

램 보 : 케임브리지.
숀 : 그래.
램 보 : 하디는 즉시 그 이론의 탁월함을 인정했지.
숀 : 그렇군.
램 보 : 영국으로 그를 데려가 수년간이나 함께 작업 하며 수학 역사상 가장 놀라운 이론을 만들어 냈지. 이제 이 라마누잔, 그의 천재성은 전대미문이라 할 수 있었지. 이 청년도 그렇다니까.
숀 : 흠.
램 보 : 그런데 마음의 문을 굳게 닫고 있어.
숀 : 흠.
램 보 : 누군가 그걸 열어 줄 사람이 필요해.
숀 : 그게 난가?
램 보 : 그래.
숀 : 왜지?
램 보 : 둘이 비슷한 배경을 갖고 있거든.
숀 : 무슨 배경?
램 보 : 둘이 동향일세.
숀 : 그럼 남부 보스턴 출신?
램 보 : 그래.
숀 : 개천에서 용 났군. 내게 오기 전 몇 명한테 보였나?
램 보 : 다섯.

숀은 조금은 짐작이 간다는 미소를 띤다.

숀 : 누구 누군지 알만하군. 배리도?

- **brilliance**
  광휘, 밝음, 뛰어난 재기(才氣)
- **Ramanujan (1887-1920)**
  인도 출신의 수학자. 정수론 분야에서 뛰어난 업적을 남김. 정규교육을 받지 못했지만 영국의 수학자 하디에 의해 발탁되어 영국 왕립회원이 되었다
- **unparalleled**
  비할 데 없는, 전례가 없는
  = too great to be equaled
- **get through to**
  이해시키다, ~에게 알게 하다
- **shrink**
  〈속어〉 정신과 의사, 정신 분석 의사
  = shrinker
- **Let me guess.**
  I will guess의 완곡한 표현

He's a bit defensive.
그는 약간 수세적이네.
마음의 문을 닫고 있다는 말
- a bit
  구어에서 정도를 나타내어 부사적으로 쓰여 '조금, 약간'의 의미
- defensive
  = used or intended for defence
  = seeming to expect disapproval or attack

Zoom In

He's a bit defensive.
그는 약간 수세적이네.

LAMBEAU : Yeah.

SEAN : Henry.

LAMBEAU : Yeah.

SEAN : Not Rick…

LAMBEAU : Sean, please.

SEAN : Hmm.

LAMBEAU : Just meet with him once a week. Please?

INT. OUTSIDE OF SEAN'S OFFICE DAY

Will walks down the stairs and hears Lambeau talk to Sean.

램 보 : 그래.
숀 : 헨리는?
램 보 : 맞아.
숀 : 릭은 아니겠지?
램 보 : 숀, 제발 부탁이네.
숀 : 음.
램 보 : 그 애를 만나주게나. 일주일에 한 번만. 부탁이야.

낮. 숀의 사무실 밖. 내부

윌이 층계를 내려온다. 그는 램보가 숀에게 말하는 소리를 듣는다.

Movie Talk 04

윌의 진정한 인생의 스승은 어디에 있는 것일까?

갈등의 골이 깊어갈수록 관객이 느끼는 카타르시스는 증가한다. 철저하게 짓밟힌 어린 영혼을 치유하는 적절한 방법은 무엇일까? 진정한 치료자는 어디에 있을까? 아니 진정한 인생의 스승은 어디에 있는 것일까?

원래 학력이나 배움에 콤플렉스가 있는 사람이 그칠 줄 모르는 독서 열로 누구에 못지않는 지식을 소유할 때 안하무인격이 되는 법이다. 더구나 그런 사람은 자신이 지닌 콤플렉스가 일종의 심리적 질환인 줄을 깨닫지 못한다.

상담치료에서는 피상담자와의 공감대 형성이 치료에 매우 중요하다. 그것에 있어서는 개개인의 개인적, 심리적 한계에 의해 개인의 직업설정과 우정, 이성간의 관계에까지 영향을 받는다.

처음과 두 번째의 상담치료에서는 정신분석을 이용한 상담장면과 최면을 이용한 상담장면이 보인다. 최면상태에서도 상담자를 우롱하는데 상담자는 첫 상담을 한 후 다음 상담을 포기한다. 환자를 완전히 미친놈으로 취급하면서. 자, 여기에서 과연 윌 같은 특별한 천재성이 있는 상담자에게 최면이 통하느냐 하는 의문점을 갖게 된다. 최면 상담자나 정신분석 상담자에게도 나름대로 상담기법이 있고 치료절차가 있을 텐데 첫 상담의 실패장면은 상담자를 너무 무성의하게 그린 것 같다. 상담자의 윤리지침에 '상담을 감당하지 못할 때는 과감히

다른 상담자에게 의뢰하라'고 했다지만 상담자가 너무 안일하게 상담에 임하는 것처럼 보인다. 모든 상담이 다 쉽게 풀리는 것이 아닌 것처럼 어떤 상담자든지 몇 번은 나름대로 자신의 기법으로 최선을 다하여야 소기의 목적을 성취할 수 있는 법이다. 그러나 이것이 영화의 '밀어붙이기' 식 단면이다. 요점은 진정한 치료사를 만나는 과정이 힘들어야 하므로 두 사람의 전문가를 희생시킬 수밖에 없다. 환자와 치료자의 관계가 아니라 똑같이 환자라는 입장에 서서 환자와 영교(靈交)를 맺을 수 있는 인간관계의 확립이 중요하다는 것을 강조하기 위해서…

램보는 좌절하지 않는다. 아니 좌절해서는 안 된다. 그가 신뢰할 수 있는 최후의 보루, 마침내 그는 대학 시절의 친구이지만 껄끄럽기 그지없는 숀 맥과이어를 찾아간다. 전문대학

G is the graph
Find 1) the adjacency matrix A
2) the matrix giving the number of 3 step walks
3) The generating function for walks

Find
The adjacency matrix, A
The matrix giving the number of 3 step walks
3) The generating function for walk
4) The generating function for walk
1→3

교수인 숀은 강의시간에 남녀관계나 임상에서 환자와 친해지는 데 가장 중요한 요소는 믿음이라고 역설한다. 그런데 어딘지 모르게 어두운 그림자가 숀의 얼굴에 그득하다. 왜일까?

숀은 아픈 과거를 지닌 홀아비다. 사랑하는 아내를 잃은 상처를 안고 자신의 과거를 아는 사회로부터 도피한 채 살아가는 외로운 인물이다. 그는 뜻하지 않은 램보 교수의 방문에 적잖이 놀라면서도 그의 진실한 마음에서 우러나오는 부탁을 거

절하지 못한다. 아니, 자신과 같이 윌이 남부 보스턴 출신이라는 말에 그를 그의 피상담자로 받아들인다는 것이 옳은 말일지도 모른다.

사실 윌은 외롭다. 쓸쓸하고 외로워서 다른 사람들에게 마음으로 다가가지 못한다. 수학문제를 멋지게 풀어내는 것만으로는 그의 외로움을 달랠 수 없다. 잠시 램보 교수 덕에 즐거울 수 있었으나, 마음의 공허가 또 다른 고통을 만들어낸다.

윌은 언제나 그랬듯이 단지 외로울 뿐이다. 당연히 영화는 이 두 외로운 아웃사이더의 인간관계로 초점을 맞추어 나갈 것이다. 숀은 어떻게 윌에게 접근할 것인가?

Chapter 5

월, 스승을 만나다

Will Meets His Teacher

시간 00:37:16 ~ 00:51:57

INT. SEAN'S OFFICE. DAY

Sean's office is comfortable. Sean is seated behind a desk. Lambeau sits in a chair in the back of the room, next to Tom.

LAMBEAU : It's a poker game with this kid. Don't let him know what you've got. He probably even read your book if he could find it.

SEAN : It's gonna to be hard for him to find.

Will opens the door and walks in.

LAMBEAU : Hi, Will.

WILL : Hi.

LAMBEAU : This is Sean Maguire. Will Hunting.

Sean and Will nod. An awkward moment as the four men stand.

LAMBEAU : How are you?

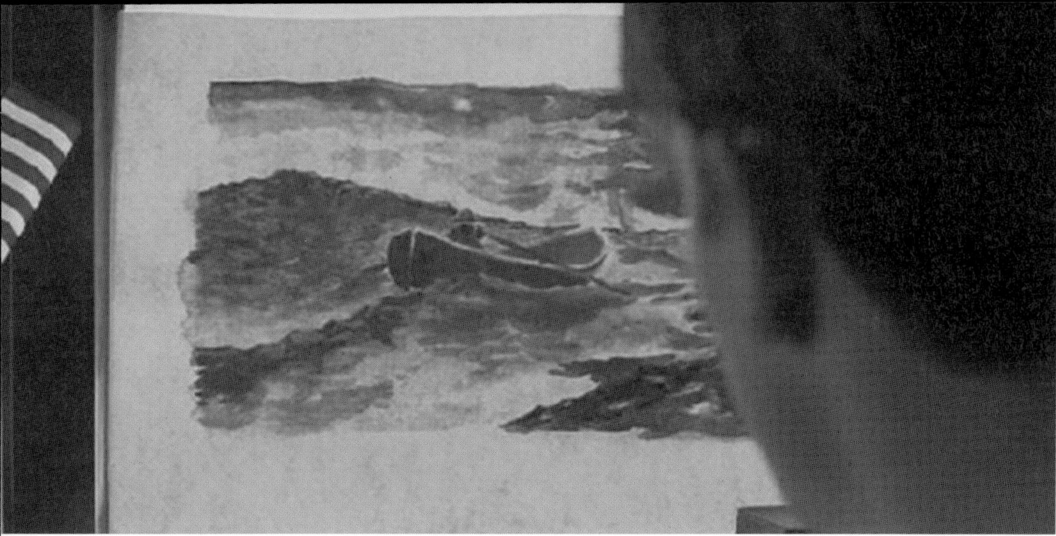

낮. 숀의 사무실. 내부
숀의 사무실은 안락하다. 숀은 책상 뒤에 앉아 있다. 램보는 톰 옆, 방 뒤쪽 의자에 앉아 있다.

램 보 : 이 애는 포커 게임하고 비슷해. 절대 틈을 보이지 마라고. 구하기만 했다면 자네 책도 벌써 훑었을걸.

숀 : 구하기 쉽지 않을 거야.

윌이 문을 열고 들어온다.

램 보 : 어서 와, 윌.

윌 : 안녕하세요.

램 보 : 이쪽은 숀 맥과이어. 얘는 윌 헌팅이야.

숀과 윌이 고개를 끄덕인다. 네 사람이 서 있자 어색한 순간이 흐른다.

램 보 : 그동안 어떻게 지냈니?

■ **awkward**
어색한, 난처한
= causing difficulty or uncomfortable feelings
= inconvenient or embarrassing

Will sits in the sofa.

LAMBEAU : Yeah. Let's get started.

WILL : Yeah, let's do it. I'm pumped! Let's let the healing begin.

SEAN : Will you excuse us?

LAMBEAU : Yeah, please, Tom.

SEAN : You too, Gerry.

LAMBEAU : Yeah, of course.

After an awkward moment, Lambeau goes, leaving Sean and Will alone. Will doesn't look at Sean for more than a second. He seems more interested in the room.

SEAN : How are you? Where are you from in Southie?

WILL : I like what you've done with the place.

SEAN : Oh, thanks.

WILL : Do you buy all these books retail, or do you send away for, like a "shrink kit" that comes with all these volumes included?

SEAN : Do you like books?

WILL : Yeah.

SEAN : Did you read any of these books?

WILL : I don't know.

SEAN : How about any of these books?

WILL : Probably not.

SEAN : (indicating a shelf) What about the ones on the top shelf? You read those?

Will's eyes flicker up to the shelf for an instant.

WILL : Yeah, I read those.

월이 소파에 앉는다.

램 보 : 자, 그럼 시작하자고.

윌 : 그러죠. 난 준비됐어요! 빨리 치료 시작해요.

숀 : 좀 비켜주겠나?

램 보 : 그래. 톰, 가보게.

숀 : 자네도, 제리.

램 보 : 그래, 물론이지.

어색한 순간이 지나고 램보는 숀과 윌만 남겨두고 나간다. 윌은 1초 이상 숀을 보지 않는다. 그는 방에 더 흥미가 있는 것 같다.

숀 : 기분 어때? 정확히 남부 어디 출신이지?

윌 : 방 장식이 마음에 드네요.

숀 : 고맙군.

윌 : 이 책을 소매로 다 사들인 거예요? 아니면 정신과 의사용 필독서라도 따로 있는 거예요?

숀 : 책 좋아하니?

윌 : 네.

숀 : 이 중에 읽은 책 있어?

윌 : 모르죠.

숀 : 이 책들은 어때?

윌 : 안 읽은 것 같은데요.

숀 : (선반을 가리키며) 선반 위의 것들은 어때? 그건 읽었나?

윌의 눈이 잠시 선반을 향해 깜박인다.

윌 : 네. 읽었어요.

- **I'm pumped.**
  난 준비가 다 됐다. 즉 펌프질이 다 됐다는 뜻

- **healing**
  치료
  = making a person or part of the body healthy again

- **buy retail**
  소매값으로 사다
  • retail
  소매로
  = at [by] retail

- **kit**
  도구 일습, 용구 한 세트

- **flicker**
  눈을 깜박거리다, 깜박이다
  = cause eyes to move backwards and forwards unsteadily

Will you excuse us?
자리좀 비켜 주시겠어요?
Would you excuse us a minute? 등으로 잘 쓰인다.

Zoom In

Will you excuse us?

자리좀 비켜 주시겠어요?

SEAN : Good for you. What do you think about 'em?

WILL : Hey, I'm not here for a fuckin' book report. They're your books. Why don't you read 'em?

Will takes out a pack of cigarettes from his trousers pocket.

SEAN : I did. I had to.

WILL : That must've taken you a long time.

SEAN : Yeah, it did.

Sean says this with pride. His determined stare and confident manner catch Will a bit off his guard. Will rises from his chair and goes to the shelf.

WILL : (looking at a book) "The United States of America : A Complete History, Volume I." (looks around) Jesus... If you wanna read a real history book, read Howard Zinn's "A People's History in the United States." That book will fuckin' knock you on your ass.

SEAN : Better than Chomsky's "Manufacturing Consent?" Do you think that's a good book?

WILL : You fuckin' people baffle me. You spend all your money on these fuckin' fancy books. You surround yourselves with 'em and they're the wrong fuckin' books.

SEAN : What're the right fuckin' books, Will?

WILL : Hey, whatever blows your hair back.

SEAN : Yeah... I haven't got much hair left. Hey... you know, you'd be better shoving that cigarette up your ass. It'd probably be healthier for you.

WILL : Yeah, I know. It really gets in the way of my yoga.

숀 : 장하구나. 읽은 소감은?
윌 : 이봐요, 난 여기 독후감 얘기하러 온 게 아니에요. 게다가 선생님 책이니 직접 읽으시죠.

윌이 바지 주머니에서 담배를 꺼낸다.

숀 : 읽었어. 의무였지.
윌 : 오래 걸렸겠네요.
숀 : 그랬지.

숀이 이 말에 긍지를 갖고 말한다. 그의 결연한 시선과 확신에 찬 태도로 인해 윌은 약간 경계를 푼다. 윌이 의자에서 일어나 선반으로 간다.

윌 : (책을 보며) "미합중국 역사 제1권" (주위를 살핀다) 맙소사! 제대로 된 역사책을 읽으려면 하워드 진의 "미합중국 민중사"를 읽으세요. 그걸 보면 눈이 번쩍 뜨일 거예요.
숀 : 촘스키의 "메뉴팩처링 콘센트"보다 낫나? 그건 좋은 책이라고 생각해?
윌 : 당신들 정신과 의사들은 정말 귀찮군요. 아무리 이런 책을 모아봤자 쓸모 없다고요.
숀 : 그럼 쓸모 있는 책은 어떤 거지, 윌?
윌 : 머리를 날려버릴 정도로 신 나는 거요.
숀 : 안 그래도 난 머리털이 얼마 없어. 그건 그렇고 담배는 그만두는 게 좋아. 건강에 안 좋으니까.
윌 : 알아요. 요가에도 안 좋고요.

- **off guard**
  경계를 게을리하여, 방심하여.
  = off one's gourd on one's guard
- **knock one on one's ass**
  정신차리게 하다, 난처하게 하다
  = knock your ass
- **shove**
  밀어내다, 밀어 보내다
  = push in a rough or careless way
- **get in the way of**
  ~에 방해가 되다

Good for you.
잘 했다.
= Good Man!
= Good on you.

Zoom In

Good for you.

잘 했다.

SEAN : You work out, huh? Sean does not seem at all affected by Will's attitude.

WILL : What, you lift?

SEAN : Yeah.

WILL : You on Nautilus?

SEAN : No, free weights.

WILL : Oh really?

SEAN : Yeah.

WILL : Free weights, huh?

SEAN : yeah, yeah, big time.

WILL : Yeah.

SEAN : Just like that.

WILL : What do you bench?

SEAN : 285. What do you bench?

Will gets up again and moves Sean's painting. It is a picture of an old sailboat in a tremendous storm, by no means a masterpiece. Will studies it.

WILL : You paint that?

SEAN : Yeah. Do you paint?

WILL : Uh-uh.

SEAN : Do you sculpt?

WILL : Nope.

SEAN : Do you like art? Do you like music?

WILL : This is a real piece of shit.

SEAN : Oh... tell me what you really think.

WILL : Uh, just the... the linear and impressionistic mix makes me a very muddled composition. It's also a Winslow Homer rip-off, except you got whitey uh... rowin' the boat there.

숀 : 운동해?

숀은 윌의 태도에 전혀 영향을 받지 않는 것 같다.

윌 : 역도 하세요?
숀 : 그래.
윌 : 장비는 노틸러스?
숀 : 아니 역기를 써.
윌 : 정말요?
숀 : 그래.
윌 : 역기요?
숀 : 그래. 한때는 프로 선수였지.
윌 : 네.
숀 : 그 정도야.
윌 : 얼마나 들죠?
숀 : 285파운드. 자넨?

윌이 다시 일어나 숀의 그림이 있는 곳으로 간다. 그것은 굉장한 폭풍 속에 놓인 낡은 보트의 그림이다. 결코 걸작이 못 된다. 윌은 그것을 살핀다.

윌 : 직접 그린 거예요?
숀 : 그래. 너도 그림 그리니?
윌 : 네.
숀 : 조각도 하고?
윌 : 못해요.
숀 : 미술을 좋아하나? 음악은?
윌 : 이건 완전히 쓰레기로군.
숀 : 솔직히 어떻게 생각하는지 말해 봐.
윌 : 선과 인상파적 혼합으로 구도가 엉망이군요. 게다가 호머 작품의 도작이구요. 배에 노젓는 사람만 빼면요.

■ **Nautilus**
〈상표〉 노틸러스(근육강화기기)

■ **bench**
들다. 여기서 bench는 bench press9 벤치에 반듯하게 누워서 역기를 올리는 운동)를 말하는 것으로 즉 '누워서 역기를 어느 정도 들어 올리는가'의 뜻

■ **by no means**
결코 ~이 아니다
= not at all

■ **masterpiece**
걸작, 명작, 가장 뛰어난 작품

■ **muddled**
뒤죽박죽으로 만들어진, 뒤섞인, 휘저어 섞인
• muddle
= put into disorder

■ **rip-off**
사기, 절도, 사취, 모방, 도용, 도작 작품
= an act of stealing

■ **whitey**
〈속어〉 백인

Big time.
〈속어〉 최고였지.
사업, 직업 따위에서 최고, 일류, 새성공, 히트, 히트 친 흥행 등을 표현할 때 사용된다.
= the highest level of importance or success

Zoom In

Big time.

최고였지

SEAN : Well, it's art, Monet... It wasn't very good.

WILL : That's not really what concerns me, though.

SEAN : What concerns you?

WILL : Just the coloring.

SEAN : You know what the real bitch of it is? It's paint-by-number.

WILL : Is it color-by-number? Because the colors are fascinating to me.

SEAN : Are they really?

WILL : You bet. I think you're about one step away from cutting your fuckin' ear off.

SEAN : Really?

WILL : Oh, yeah.

SEAN : Think I should move to the south of France, change my name to "Vincent?"

WILL : You ever heard the saying "any port in a storm?"

SEAN : Yeah.

WILL : yeah, maybe that means you.

SEAN : In what way?

WILL : Well, maybe you're in the middle of a storm, a big fuckin' storm.

SEAN : Yeah, maybe.

WILL : The sky's fallin' on your head. The waves are crashin' over your little boat. The oars are about to snap. (sniffling) You just piss in your pants. You're crying for the harbor. And maybe you do what you gotta do, to get out. Yeah, you know. Maybe you became a psychologist.

SEAN : Bingo! That's it. Let me do my job now. You start with me. Com' on.

숀 : 좀 묘하지. 모네 작품은 별로였거든.
윌 : 중요한 건 그게 아니에요.
숀 : 그럼 뭐야?
윌 : 색감이요.
숀 : 진짜 웃기는 게 뭔지 알아? 사실은 인쇄된 그림에 지시대로 색만 입혔거든.
윌 : 그래요? 색깔 좋기만 한 데요, 뭘!
숀 : 그래?
윌 : 그렇다니까요. 누구누구처럼 선생님도 곧 귀를 자를 것 같네요.
숀 : 그래?
윌 : 네.
숀 : 당장 프랑스 남부로 이사해서 빈센트로 이름을 바꿀까?
윌 : '풍전등화'라는 말 알아요?
숀 : 알지.
윌 : 어쩌면 선생님이 그런 격인지 몰라요.
숀 : 어째서?
윌 : 폭풍 속의 항구처럼 위태위태해 보여요.
숀 : 그럴지도 모르지.
윌 : 머리 위의 사나운 폭풍우와 집채만 한 파도, 게다가 노는 부러질 것 같고, (코를 훌쩍거리며) 너무 놀라 혼비백산하는 지경이라 있는 힘을 다해 항구로 치닫는 꼴이라고요. 어쩌면 힘든 현실을 피하려 정신과 의사가 됐는지도 모르죠.
숀 : 맞아! 그거야. 그러니까 직분을 다해야지. 빨리 시작하세.

■ **snap**
딱 부러지다. 툭 끊어지다
= break suddenly and sharply off or in two parts

■ **Bingo!**
〈속어〉 맞아! 이겼다!, (뜻하지 않은 기쁨을 나타내어) 해냈다!
= an expression of pleasure at a sudden successful result

You bet.
〈구어〉 그렇고 말고, 물론.
(Bet you. 로도 쓰인다)

Zoom In

You bet.
그렇고 말고

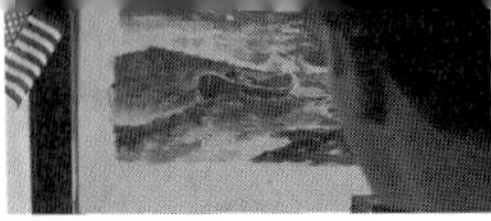

WILL : Maybe you married the wrong woman.

SEAN : Maybe you should watch your mouth! Watch it right there, chief, all right?

WILL : Ah... Well, that's it, isn't it? You married the wrong woman. What happened? What did she leave you? Was she, you know, (whistling) banging some other guy?

In a flash, Sean has Will by the throat. Will is helpless.

SEAN : If you ever disrespect my wife again... I will end you. I'll fuckin' end you. Got that, chief?

WILL : Time's up.

SEAN : Yeah. Sean leaves Will free.

INT. HALLWAY. DAY

Will walks out of Sean's office past Lambeau and Tom who are sitting in the hallway.

WILL : At ease, gentlemen.

INT. SEAN'S OFFICE. DAY

Sean stands behind his desk in his office, still very much on edge. Lambeau walks in.

LAMBEAU : You, okay?

A pause. Sean is staring at his painting.

LAMBEAU : Look, I... I'll understand if you don't wanna meet with him again.

SEAN : Thursday, four o'clock. Make sure the kid's here.

LAMBEAU : Yeah... Thanks.

윌 : 아마도 잘못된 짝과 결혼했나 보군요.
숀 : 입 조심해! 조심하라고, 알았어?
윌 : 내가 맞춘 거죠? 부인을 잘못 얻은 거죠? 왜요? 배신하고 도망갔나요? 딴 남자와 (휘파람을 분다) 눈이 맞아서?

눈 깜짝할 사이에 숀이 윌의 목을 조른다. 윌은 속수무책이다.

숀 : 다시 내 아내를 모욕했다가는 널 그냥 두지 않겠어. 끝장내버리겠다고! 알아들었어?
윌 : 시간 다 됐네요.
숀 : 그렇군.

숀이 윌을 풀어준다.

낮. 복도. 내부
윌이 숀의 사무실을 나와 복도에 앉아 있는 램보와 톰을 지나친다.

윌 : 쉬어, 제군들.

낮. 숀의 사무실. 내부
숀이 사무실 자신의 책상 뒤에 서 있다. 아직도 매우 불안한 상태다. 램보가 들어온다.

램 보 : 괜찮나? 잠시 사이. 숀이 자신의 그림을 보고 있다.
램 보 : 이보게. 다시 만나고 싶지 않다고 해도 이해할게.
숀 : 목요일 4시에 그 친구 이리로 보내게.
램 보 : 그래. 고마워.

■ **bang**
〈속어〉 ~과 성교하다, ~에 마약을 주다

■ **in a flash**
순식간에
= like a flash
= quick as a flash
= very quickly, suddenly, or soon

■ **disrespect**
경시하다, 경멸하다
= show lack of respect or politeness

■ **chief**
두목, 보스, 추장, 우두머리, 상관, 여기서는 비꼬아서 하는 말

■ **on edge**
안절부절 못하여
= nervous
= edgy

At ease!
쉬어! 편히 쉬어!
군대에서 잘 쓰이는 용어이지만 일상적으로도 '편히 쉬게!, 마음, 편히 갖게!'의 의미로 쓰인다.

Zoom In

At ease!

쉬어!

Lambeau walks out of the room. Sean looks at his picture and thinks for a while.

INT. SEAN'S APARTMENT. NIGHT
Sean sits at the table, thinks and drinks.

INT. TOY STORE. NIGHT
Will and Skylar are in a small shop. Skylar wears a toy glasses.

STORE CASHIER : Well, you look lovely in those glasses.

SKYLAR : Thank you very much.

STORE CASHIER : They're just beautiful.

SKYLAR : Yes. I always wanted dark blue eyeshadow.

STORE CASHIER : Wonderful.

SKYLAR : (laughs. To Will, taking off her glasses) Growing up in England, you know, I went to a very nice school. You know, it was kind of progressive, organic, do-it-yourself, private school. Then Harvard. Hopefully Med. School. You know, I figured out, by the end, my brain's gonna be worth two hundred and fifty thousand dollars. That sounded horrible, didn't it? (clacking with toys) Bring me another mai tai! (laughs)

WILL : No, that's cool, I mean. I bet your parents were happy to pay.

SKYLAR : No, I was happy to pay. I inherited the money.

WILL : Wow... well, is uh... Is Harvard gettin' all that money?

SKYLAR : No, Stanford. I'm going there in June when I graduate.

WILL : Oh, all right, so you just want to... (putting on a sailor hat) to use this sailor and then uh... run away, huh?

SKYLAR : Well, I was gonna, you know, experiment on you for anatomy class first. Obviously.

램보가 방을 나간다. 숀은 한동안 그림을 보면서 생각에 잠긴다.

밤. 숀의 아파트. 내부
숀이 혼자 테이블에 앉아 술을 마시며 생각에 잠긴다.

밤. 장난감 가게. 내부
윌과 스카일라가 작은 가게에 있다. 스카일라는 장난감 안경을 쓰고 있다.

가게 점원 : 안경 쓰니까 너무 귀여워 보이는구나.
스카일라 : 고마워요.
가게 점원 : 안경 정말 예뻐.
스카일라 : 네. 언제나 파란색을 눈가에 칠하고 싶었거든요.
가게 점원 : 좋아요.
스카일라 : (윌에게 웃으며 안경을 벗는다) 영국에서 자랐기 때문에 난 좋은 학교만 다녔어. 굳이 말하자면 진보적이고 모든 것을 스스로 해내야만 하는 사립학교였지. 그리고 하버드에 온 거야. 가능하면 의대에 가고 싶어. 가만히 계산해 보니까 졸업하면 내 머린 25만 달러짜리가 되더라니까. 너무 거만하게 들렸지? (장난감으로 딸깍딸깍 소리를 내며) 칵테일 한 잔 가져와! (웃는다)
윌 : 아니, 괜찮아. 네 부모님이 기꺼이 대주실 텐데 뭘.
스카일라 : 아니, 내가 대는 거야. 유산상속을 받았거든.
윌 : 와, 그렇군. 하버드에 계속 돈을 바칠 거야?
스카일라 : 아니, 스탠퍼드야. 졸업하고 6월에 갈 거야.
윌 : 그래, 그럼 그때까지… (수병 모자를 쓰며) 이 수병과 좀 놀아주다가 훌쩍 떠난다고?
스카일라 : 사실은, 해부학 시간에 네 몸 좀 빌리려고 했지.

- **progressive**
  진보적인, 진취적인
  = moving forward or developing continuously
- **med. school**
  의과대학
  = medical school
- **mai tai**
  마이타이 주(酒), 칵테일 이름: 럼주, 레몬, 파인애플 주스, 그레니딘, 아몬드 시럽 따위를 섞어서 만든 칵테일. 얼음을 넣어 마신다
- **anatomy**
  해부학

You look lovely in those glasses.
그 안경 쓰니까 귀여워 보이는데.
In 에는 '몸에 걸치고, ~을 입고(쓰고, 신고)"의 뜻이 있다. You look loverly in those spectacles.로 표현하기도 한다.

Zoom In

You look lovely in those glasses.
그 안경 쓰니까 귀여워 보이는데.

WILL : In that case, that's fine. (beat) Hey, you wanna see my magic trick, Skylar?

SKYLAR : Of course.

WILL : All right. Promise to... All right... This one's for you, Rudolph.

SKYLAR : Wait, wait. You need my wand.

Will pulls out a bulging handful of caramels. Skylar picks up a toy wand and hits Will's hand with it.

WILL : All right, gimme a hit. Thank you. All right. I'll make all these caramels disappear. You ready?

SKYLAR : Ready.

WILL : One. Two. Three!

Will goes into all manner of hocus-pocus theatrics. Then shakes his hand wildly. The trick doesn't pan out well and the caramels go flying all over the store. Skylar laughs.

SKYLAR : (gasps) HhhhhhhhAaaaaaaaw...

WILL : (chuckles) They're all gone. Yeah... that was my... It works better when I have my rabbit.

INT. HARVARD SQ. DINER : THE TASTY. NIGHT

Will and Skylar eat their cheeseburger, sitting side by side.

WILL : Well, (clears throat) I don't really date, you know, that much.

SKYLAR : How very unfortunate. I think for me. (chuckling) You know what I mean? I know you've been thinking about it.

WILL : Oh... no, I haven't.

SKYLAR : Yes, you have.

윌 : 그런 부탁이라면 얼마든지. (잠시) 내가 마술 보여줄까, 스카일라?

스카일라 : 좋아.

윌 : 좋았어. 전에 말했던 건데, 네게 주는 선물이야, 루돌프.

스카일라 : 잠깐만. 요술 지팡이를 써야지.

윌이 캐러멜을 한 줌 가득히 꺼낸다. 스카일라가 장난감 요술 지팡이를 들어 윌의 손을 친다.

윌 : 좋아. 주문을 걸어 봐. 고마워. 이제 이 캐러멜을 다 사라지게 할 거야. 준비됐어?

스카일라 : 됐어.

윌 : 자, 하나, 둘, 셋!

윌이 요술을 부리는 모든 행동을 시작한다. 그리고는 손을 거칠게 흔든다. 그 속임수는 잘되지 않으며 캐러멜이 가게 전체에 날아간다. 스카일라가 웃는다.

스카일라 : (숨이 막힌다) 히야…

윌 : (킬킬 웃는다) 다 사라졌지? 캐러멜 대신 토끼면 더 잘 됐을 텐데.

밤. 하버드 광장의 '테이스티' 간이 식당. 내부
윌과 스카일라가 나란히 앉아 치즈버거를 먹고 있다.

윌 : (헛기침하며) 난 데이트 같은 거 별로 안 해봤어.

스카일라 : 운도 없지. 내가 말 야. (낄낄 웃는다) 아까부터 네가 하고 싶어하는 거 알아.

윌 : 아냐, 그런 적 없어.

스카일라 : 빼지 마.

- **wand**
  (마법의) 지팡이
- **bulging**
  불룩한, 부풀어 오른, 가득 차 있는
  - bulge
    부풀어 오르다, 부풀리다
    = swell or curve outwards
- **gimme**
  = give me
- **hit**
  알맞은 말, 핵심을 찌르는 말
  = a remark which causes the desired effect
- **hocus-pocus**
  (마술사의) 주문, 주술 부릴 때 외는 말, 마술
- **theatrics**
  연극
- **pan out**
  ~ 의 결과가 되다.
  = turn out
- **gasp**
  헐떡거리다, 숨이차다.
- **diner**
  싸구려 (간이)식당

You know what I mean?
내 말 알겠어?
보통 Do you know what I mean? 대신에 잘 쓰인다.

Zoom In

You know what I mean?

내 말 알겠어?

WILL : Oh, no. I really haven't.

SKYLAR : Yes, you have! You were hoping to get a good night kiss.

WILL : Well, you know, I'll tell you. I was hopin' to get a "good night laid."

She laughs.

WILL : But I'll settle for, like, a kiss, you know.

SKYLAR : How very noble of you.

WILL : Thank you.

SKYLAR : Mm.

WILL : No. I was... I was hopin' for a kiss.

SKYLAR : Well, why don't we just get it out of the way now?

WILL : Right now?

SKYLAR : Yup. Com' on.

They kiss, mouths full of burger. It's nice. A beat.

SKYLAR : (giggling) I think I got some of your pickle.

INT. OUTSIDE OF SEAN'S OFFICE. DAY

Will walks down the stairs.

INT. SEAN'S OFFICE. DAY

Will strolls into the office. Sean is waiting there behind his desk.

WILL : You again, huh?

SEAN : (stands up) Come with me.

Both of them go out.

윌 : 정말 아니라니까.

스카일라 : 생각했잖아! 작별 키스를 받고 싶다고 말이야.

윌 : 아냐, 데이트 기념으로 같이 잘 생각은 했지.

스카일라가 웃는다.

윌 : 좋아, 키스만으로 봐 줄게.

스카일라 : 황송하기도 하여라.

윌 : 고마워.

스카일라 : 음.

윌 : 아냐, 정말 키스만으로 족해.

스카일라 : 그럼 지금 당장 해 버리자.

윌 : 지금?

스카일라 : 그래, 어서.

그들은 입에 치즈버거를 가득 문 채로 키스한다. 멋지다. 잠시.

스카일라 : (킬킬 웃으며) 네 피클이 내 입으로 넘어왔어!

낮. 숀의 사무실 밖. 내부
윌이 층계를 내려온다.

낮. 숀의 사무실. 내부
윌이 사무실로 걸어 들어온다. 숀이 책상 뒤에서 기다린다.

윌 : 또, 선생이쇼?

숀 : (일어선다) 따라와.

둘 다 나간다.

■ **get laid**
성교하다
• lay
〈속어〉 ~와 성교하다
= have sex with

■ **get... out of the way**
~을 치우다, 방해가 되지 않게 하다. 여기서 it는 kiss를 말한다

I'll tell you.
분명히 말하겠는데.
말을 시작하면서 강조하는 표현이다.

Zoom In

I'll tell you.

분명히 말하겠는데.

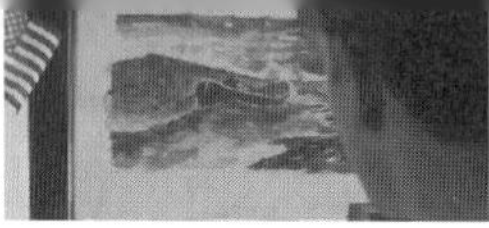

EXT. BOSTON COMMON. MINUTES LATER

Sean and Will sit in a bench at the mostly empty park. They look out over a small pond, in which some swans swim leisurely.

WILL : So what's this? A Taster's Choice moment between guys? This is really nice. You got a thing for swans? Is this, like, a fetish? It's something, like, maybe we need to devote some time to?

SEAN : I thought about what you said to me the other day. About my painting.

WILL : Oh.

SEAN : Stayed up half the night thinking about it. Something occurred to me. I fell into a deep peaceful sleep and haven't thought about you since. You know what occurred to me?

WILL : No.

SEAN : You're just a kid. You don't have the faintest idea what you're talking about.

WILL : Why, thank you.

SEAN : It's all right. You've never been out of Boston.

WILL : Nope.

SEAN : So if I asked you about art you'd probably give me the skinny on every art book ever written... Michelangelo? You know a lot about him. Life's work, political aspirations. Him and the Pope, sexual orientation, the whole works, right? I bet you can't tell me what it smells like in the Sistine Chapel. You never actually stood there and looked up at that beautiful ceiling. Seeing that... If I ask you about women,

몇 분 뒤. 보스턴 공원. 외부
숀과 윌이 거의 빈 공원의 한 벤치에 앉아 있다. 그들은 몇 마리 백조가 한가롭게 헤엄치고 있는 작은 연못을 내려다본다.

윌 : 이건 또 뭐죠? 분위기 잡고 뭐 하게요? 기분은 좋지만 백조한테 특별한 감정 있어요? 무슨 신 같은 존재라 매일 와 봐야 할 의무라도 있어요?

숀 : 전에 네가 했던 말에 대해 생각해 봤어. 내 그림에 대해서 했던 말 말이야.

윌 : 아.

숀 : 그 생각하느라 한참 잠을 못 이루었지. 그러다 갑자기 뭔가 깨닫고는 그대로 깊고도 편한 잠에 빠져들었어. 너에 관해서 완전히 잊은 채 말이야. 그게 뭐였는지 아나?

윌 : 몰라요.

숀 : 네가 어린애란 거야. 넌, 네가 뭘 지껄이고 있는지도 모르고 있어.

윌 : 알아줘서 고맙네요.

숀 : 당연한 거야. 넌 보스턴을 떠나본 적이 없으니까.

윌 : 그렇죠.

숀 : 그러니까 내가 미술에 대해 물으면 넌 온갖 정보를 다 갖다 댈 걸? 미켈란젤로를 예로 들어볼까? 그에 관해 잘 알 거야. 그의 걸작품이나, 정치적 야심, 교황과의 관계, 성적 본능까지도 다 알 거야, 그렇지? 하지만 시스틴 성당의 내음이 어떤지는 모를걸? 한 번도 그 성당의 아름다운 천장화를 본 적이 없을 테니까. 난 봤어. 또 여자에 관해 물으면

■ **Taster's Choice moment**
분위기 잡는 순간
• Taster's Choice
커피 상호

■ **fetish**
(재해, 질병 따위를 막는 마력을 지니고 있다고 야만인이 믿는) 물신(物神)
= an object which is worshipped as a god by people in some under-developed societies, and is thought to have magic power

■ **devote to**
(시간, 노력 따위를 어떤 목적에) 바치다, 충당하다, 봉헌하다

■ **skinny**
피질(皮質)의, 가죽의, 말라빠진, the skinny가 되어 명사화한 것

■ **orientation**
경향, 방위

You don't have the faintest idea what you're talking about.
넌, 네가 뭘 지껄이고 있는지도 전혀 모르고 있어.
= You have not the faintest knowledge what you're talking about.
= You never know what you're talking about.
not the faintest는 강조용법으로 not… at all의 의미다.

Zoom In

You don't have the faintest idea what you're talking about.

넌, 네가 뭘 지껄이고 있는지도 전혀 모르고 있어.

you'd probably give me a syllabus of your personal favorites. You may have even been laid a few times. But you can't tell me what it feels like to wake up next to a woman and feel truly happy. You're a thugh kid. I ask you about war, you'd probably uh... throw Shake-speare at me, right? "Once more into the breach, dear friends." But you've never been near one. You've never held your best friend's head in your lapand watched him gasp his last breath, looking to you for help. And if I asked you about love you'd probably quote me a sonnet. But you've never looked at a woman and been totally vulnerable... Known someone that could level you with her eyes. Feeling like God put an angel on Earth just for you... who could rescue you from the depths of Hell. And you wouldn't know what it's like to be her angel, to have that love for her be there forever. Through anything, through cancer. And you wouldn't know about sleeping sitting up in a hospital room for two months holding her hand because the doctors could see in your eyes that the terms "visiting hours" don't apply to you. You don't know about real loss, because that only occurs when you love something more than you love yourself. I doubt you've ever dared to love anybody that much. I look at you: I don't see an intelligent, confident man. I see a cocky, scared shitless kid. But you're a genius, Will. No one denies that.

네 타입의 여자들에 관해 장황하게 늘어놓겠지. 벌써 여자와 여러 번 잠자리 했을 수도 있고. 하지만 여인 옆에서 눈뜨며 느끼는 진정한 행복이 뭔진 모를 걸. 넌 강한 아이야. 전쟁에 관해 묻는다면 셰익스피어의 명언을 인용할 수도 있겠지. "다시 한 번 돌진하세, 친구들이여" 하며! 하지만 넌 상상도 못 해. 전우가 도움의 눈빛으로 널 바라보며 네 무릎에서 마지막 숨을 거두는 걸 지켜보는 게 어떤 건지! 사랑에 관해 물으면 한 수시까지 읊겠지만 한 여인에게 완전히 포로가 되어 본 적은 없을걸. 눈빛에 완전히 매료되어 신께서 너를 위해 보내주신 천사로 착각하게 되지. 절망의 늪에서 널 구하라고 보내신 천사! 또한 한 여인의 천사가 되어 사랑을 지키는 것이 어떤 건지 넌 몰라. 그 사랑은 어떤 역경도 암조차 이겨내지. 죽어 가는 아내의 손을 꼭 잡고 두 달이나 병상을 지킬 땐 이제는 환자 면회 시간 따윈 의미가 없어져. 진정한 상실감이 어떤 건지 넌 몰라. 타인을 너 자신보다 더 사랑할 때 느끼는 거니까. 누굴 그렇게 많이 사랑한 적이 없을걸? 내 눈엔 네가 지적이고 자신감 있기보다 오만에 가득 찬 겁쟁이 어린애로만 보여. 하지만 넌 천재야, 윌. 그건 누구도 부정 못 해.

■ **breach**
돌파구
Break의 추상명사로 주로 비유적인 뜻으로만 쓰인다. 여기서는 throw oneself into the breach '공격에 정면으로 맞서다'의 의미로 쓰임

■ **level**
~을 때려눕히다, 무너뜨리다

■ **cocky**
자만심이 강한, 우울한, 으쓱대는
= self-confident in an unpleasant way

■ **scared shitless**
몹시 놀란
• shitless
똥도 못 쌀 만큼, 몹시

You wouldn't know what it's like to be her angel.
그녀의 천사가 되는 게 어떤 것인지 넌 모를 거야.
여기서 it은 to be her angel을 가르키는 가주어.

Zoom In

You wouldn't know what it's like to be her angel.
그녀의 천사가 되는 게 어떤 것인지 넌 모를 거야.

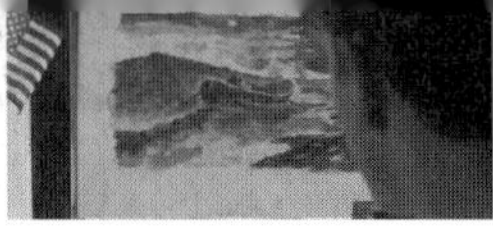

No one could possibly understand the depths of you. But you presume to know everything about me because you saw a painting of mine and you ripped my fuckin' life apart. You're an orphan, right?

Will nods quietly.

SEAN : Do you think I'd know the first thing about how hard your life has been, how you feel, who you are because I read "Oliver Twist?" Does that encapsulate you? Personally, I don't give a shit about all that, because you know what? I can't learn anything from you I can't read in some fuckin' book Unless you wanna talk about you, who you are. And I'm fascinated. I'm in. But you don't wanna do that, do you, sport? You're terrified of what you might say. Your move, chief.

Sean walks away. Will thinks.

EXT. WILL'S APARTMENT. DAY

Chuckie's caddilac idles by the curb. He gets out of the car and walks up to the porch to Will's house and knocks. He has two cups of doughnuts coffee in his hand. Will comes out. Chuckie hands one of them to Will. They get in the car and leave.

INT. CONSTRUCTION SITE. DAY

Will and Chuckie doing demo at the site. They throw cinderblocks out a building into a pile. They are filthy.

SOUTH BOSTON STREET. NIGHT

Rain pounds South Boston. Chuckie sits with the Cadillac idling. Morgan and Billy sit in the back, sharing a case of beer. Will is a pay phone.

그 누구도 네 지적 능력의 한계를 측정하지도 못해. 근데 그림 한 장 달랑 보곤 내 인생을 다 안다는 듯 내 아픈 삶을 잔인하게 난도질했어. 넌 고아지?

윌은 조용히 고개를 끄덕인다.

숀 : 네가 얼마나 힘들게 살았고 네가 뭘 느끼고 어떤 애인지, '올리버 트위스트'만 읽어 보면 다 알 수 있을까? 그게 널 다 설명할 수 있어? 솔직히, 젠장, 그따윈 난 알 바 없어. 어차피 너한테 들은 게 없으니까. 책 따위에서 뭐라든 필요없어. 우선 네 스스로에 대해 말해야 해. 자신이 누군지 말이야. 그렇다면 나도 관심을 갖고 대해 주마. 하지만 그렇게 하고 싶지 않지? 자신이 어떤 말을 할까 겁내고 있으니까. 네가 선택해, 윌.

숀은 걸어 나가고 윌은 생각한다.

낮. 윌의 아파트. 외부
처키의 캐딜락이 천천히 다가와 선다. 그는 차에서 내려 윌의 집 현관까지 걸어가 노크한다. 그는 두 잔의 도너츠 커피를 들고 있다. 윌이 나온다. 처키가 커피를 윌에게 준다. 그들은 차에 타고 떠난다.

내부. 건축공사장. 낮
윌과 처키가 공사장에서 일을 한다. 그들은 콘크리트 블록을 건물 밖으로 던진다. 그들은 더럽다.

남부 보스턴 거리. 밤
비가 퍼붓는다. 처키는 캐딜락에 한가로이 앉아 있다. 모건과 빌리는 맥주를 마시면서 뒷자리에 앉아 있다. 윌은 공중전화를 걸고 있다.

- **rip**
  짝씻다. 싹 베다. 찢어내다
- **encapsulate**
  축약하다. 캡슐에 넣다
  = express the main points or ideas of something in a short form or a small space
- **I'm in.**
  난 들어와 있다. 즉 난 이미 준비를 갖추고 있다는 뜻. 여기서 in은 '본래의 (당연한, 목적한) 장소(상태)에'의 뜻
- **sport**
  이봐, 자네
- **cinderblock**
  (건축용의) 콘크리트 블록
- **filthy**
  더러운, 불결한
  = extremely dirty
  = covered with filth

Movie Talk 05

진정한 인간관계와 사랑의 정의는 무엇인가?

윌과 숀의 첫 대면. 의사는 환자를 어떻게 다룰까? 이것이 이 작품의 핵심이며 공감을 얻어내고 감동을 줄 수 있는 기초가 된다. 그것 역시 극 대 극이다. 동문서답과 깐죽거리는 태도… 그리고 충고까지. 윌의 방종은 끝이 없다. 상담자는 인내심을 가지고 이 내담자에게 라포(rapport: 의사와 환자, 심리테스트 실험자와 피실험자 사이의 신뢰감)를 형성시키려고 애쓴다. 그런데 상담자가 아무리 진실성을 가지고 내담자를 공감해 준다고는 하지만 상담자를 공격(?)하는 행위는 과연 어떻게 바운더리[한계]를 형성할 것인가? 그러면서 상담자는 내담자에게 연민을 느껴 상담을 지속시키는 인내를 보인다. 여기서 상담자가 아픈 상처를 건드리는 내담자를 진실로 이해하지 못하는 경우도 많을 것이다. 상담자는 많은 인생경험과 아량이 있어야 하는 것으로 비친다.

물론 한 번에 둘이 교감을 한다면 이건 영화가 아니다. 윌은 눈 속을 뛰어다니는 강아지처럼 숀의 아픈 상처를 찔러댄다. 아무리 인생 선배요 명색이 자신을 치료하겠다는 의사이지만 숀이 화를 내는 것은 당연하다. 왜냐하면, 숀의 가장 큰 상처는 바로 아내의 부재이기 때문이다. 아픈 상처를 홀로 달래면서 추억에 젖는 숀…

이쯤에서 스카일라를 등장시키는 것은 일리가 있다. 직접적인 치료와 간접적인 치료가 병행될 때 그 치료는 효과가 있을 테니까. 윌은 스카일라와 데이트를 즐긴다. 스카일라는 윌의 계층에 격의 없이 맞추려고 애쓴다. 그것은 효과가 있어 비록 형식적이지만 그들은 입에 햄버거를 문 채 입을 맞춘다. 마음을 약간 열어 놓는 윌.

두 번째 만남은 캠퍼스의 자연 속에서 이루어진다. 상담이론이야 어쨌든 훌륭한 설정이다. 숀은 한층 더 이해심 있는 아버지의 입장에서 아들을 대한다. 따끔하게, 부드럽게, 그러면서도 힘차게 자신의 삶을 들추어내면서 조리 있게 설명한다. 어떻게 그렇게 과감히 자기개방을 할 수 있을까. 적당한 자기 개방은 내담자와의 관계 형성에 도움이 되기도 하지만 상담자의 윤리상 지나친 자기개방도 자제해야 하는 것 아닌가? 어쨌든 내담자에게 상담실이 아닌 곳에서 자기개방을 하고 내담자로 하여금 마음을 조금씩 열어 놓게 하는 이 부분은 말 그대로 멋진 영화의 한 장면임이 틀림없다. 공은 윌에게 넘어왔다. 단단하기만 했던 마음의 벽이 서서히 무너져 내리면서 억수 같은 비 속에서 스카일라를 찾는 윌. 변화의 일보치곤 당연한 설정 아닌가!

Chapter 6

사랑은 홍역과도 같은 것

Love Is Like a Measles

시간 00:51:58 ~ 01:03:02

INT. SKYLAR'S ROOM. NIGHT
Skylar is reading a book at her desk. The phone rings.

SKYLAR : Hello? Hello? Hello... Professor Valenti, are you calling me again?

EXT. SOUTH BOSTON STREET. NIGHT
Will hangs up and runs back to the car, soaked.

INT. SKYLAR'S ROOM. NIGHT

SKYLAR : Freak!

INT. IN CAR. NIGHT
Will opens the car door and gets in.

WILL : Oh, God. It's pouring.
CHUCKIE : Christ, who'd you call?
WILL : No one. I forgot the number.

밤. 스카일라의 방. 내부
스카일라가 책상에 앉아 책을 읽고 있다. 전화가 울린다.

스카일라 : 여보세요? 말해요, 여보세요? 발렌티 교수님, 또 전화하신 거예요?

밤. 남부 보스턴 거리. 외부
윌이 전화를 끊고 흠뻑 젖은 채 차로 돌아온다.

밤.스카일라의 방. 내부.

스카일라 : 미친놈!

내부. 차 안. 밤
윌이 차 문을 열고 탄다.

윌 : 젠장, 퍼붓는군.
처 키 : 누구한테 전화한 거야?
윌 : 하려고 했는데. 번호를 잊어버렸어.

■ **freak**
〈속어〉 성적 도착자, 괴짜
= a person with rather strange habits, ideas, or appearance

■ **pour**
억수 같이 퍼붓다
= (rain is) fall hard and steadily

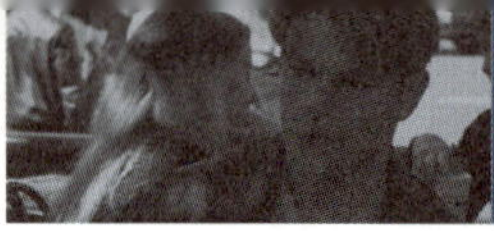

MORGAN : You're fuckin' retarded? You went all the way out there in the rain and you didn't bring the number?

WILL : No, it was your mother's 900 number. I just ran out of quarters.

MORGAN : Why don't we get off on mothers? I just got off yours.

Laughter.

BILLY : That's pretty funny, Morgan.

Billy throws beer can at Morgan's head.

BILLY : That's a fuckin' nickle, bitch.

MORGAN : Keep antagonizing me. Watch what happens!

BILLY : All right, then, Morgan.

MORGAN : Watch what happens.

BILLY : All right then, Morgan.

MORGAN : Watch what happens... Keep fuckin' with me.

The car leaves there.

INT. SEAN'S OFFICE. DAY
Will sits across from Sean completely silent and takes out a pack of cigarettes.

SEAN : No smoking.

Will puts the cigarettes into his pocket. Sean stares at Will and occasionally at the clock. Sean continues to check the clock on the wall. It is the only clock in the room and it is behind Will. Their hour is almost up.

INT. HALLWAY. LATER
Lambeau and Sean walk down the hallway after the session.

모 건 : 멍청하긴. 기껏 빗속에 나가더니 번호를 까먹어?
윌 : 네 엄마하고 폰팅하다 동전이 떨어져 관뒀다. 왜?
모 건 : 그랬냐? 나도 네 엄마한테 전화했었어.

웃음.

빌 리 : 썰렁하다, 모건.

빌리가 맥주 깡통을 모건의 머리에 던진다.

빌 리 : 그게 동전이다, 짜샤.
모 건 : 계속 몰아세우면 큰일 날 줄 알아!
빌 리 : 알았어, 모건.
모 건 : 두고 보라니까.
빌 리 : 미안해, 모건.
모 건 : 두고 봐. 계속 몰아세워 보라구.

자동차가 그곳을 떠난다.

내부. 숀의 사무실. 낮
윌이 말이 없이 숀을 마주 보고 앉아 있다가 담배를 꺼낸다.

숀 : 담배는 안 돼.

윌이 담배를 바지 주머니에 넣는다. 숀이 윌을 응시하다가 가끔 벽시계를 본다. 계속 벽시계를 체크한다. 그것은 방 안에 있는 유일한 시계로 윌의 뒤편에 있다. 그들의 시간이 거의 다 끝났다.

그 후. 복도. 내부
램보와 숀이 회합을 마친 후 복도를 걸어온다.

- **900 (number)**
  (유료)전화정보 서비스 번호
- **get off on**
  ~을 즐기다, ~에 열중하다
- **antagonize**
  대항하다, 적대하다
  = cause to become an enemy or opponent

I just ran out of quarters.
막 동전이 다 떨어졌어.
- run out of
  바닥나다, 다 써버리다
  = come to an end, so that there is no more
  = be completely used up
- quarter
  25센트 (은화)

Zoom In

I just ran out of quarters.
막 동전이 다 떨어졌어.

LAMBEAU : What do you mean "he didn't talk?" You were in there for an hour.

SEAN : He just sat there and counted the seconds until the session was over. Pretty impressive, actually.

LAMBEAU : Why would he do that?

SEAN : To prove to me he doesn't have to talk to me if he doesn't want to.

LAMBEAU : Oh, what is this? Some kind of staring contest between two kids from the "old neighborhood?"

SEAN : Yeah, it is. And I can't talk first.

INT. LAMBEAU'S OFFICE. DAY

The office is more crowded than usual. Tom and three of Lambeau's colleagues including the esteemed Alexander Pekec are in the room. Will sits at a work station which projects a proof of his onto the chalkboard. Lambeau stands beside the projected image at the board arguing with Pekec, a foreign mathematician.

LAMBEAU : We know your theory, Alexander, but the boy's found a simple geometrical picture.

PEKEC : A tree structure won't work.

LAMBEAU : Look, now, he's joining the two vertices.

PEKEC : But I can do the sum.

LAMBEAU : Well, it's how you group the terms, Alexander.

PEKEC : But Gerry. If we do the whole thing this way, then...

WILL : Hey, look, look.

They turn to Will who places his proof on the projector. The image is cast over their faces.

WILL : I wrote it down. It's... simpler this way.

램 보 : 둘이 한 시간이나 앉아 있었잖아, 말을 안 하다니?
숀 : 치료시간이 끝날 때까지 그냥 앉아 있었어. 솔직히 인상적이었다네.
램 보 : 왜 그런 짓을 할까?
숀 : 원치 않을 때엔 말하지 않겠다는 일종의 시위지.
램 보 : 이게 무슨 어린애 장난이야? 둘이 눈싸움이나 하게?
숀 : 맞아. 그래서 질 수 없는 거야.

낮. 램보의 사무실. 내부
사무실은 보통 때보다 더 붐빈다. 톰과 존경받는 알렉산더 패켁을 포함한 3명의 램보의 동료들이 방에 있다. 윌은 칠판 위에 자신의 증명을 비추는 워크 스테이션에 앉아 있다. 램보는 외국 수학자인 페켁과 논쟁을 벌이면서 칠판에 투사된 이미지 옆에 서 있다.

램 보 : 자네가 말하는 요점을 알겠네만 윌이 단순한 기하학적 증명 방법을 찾아냈어.
페 켁 : 그럼 계도가 맞질 않아.
램 보 : 자, 봐. 이 두 개의 꼭짓점을 합하면 되는 거야.
페 켁 : 합계 정도는 나도 할 수 있네.
램 보 : 문제는 어떻게 한계점을 모으는 가네, 알렉산더.
페 켁 : 하지만, 제리. 이런 식으로 증명하면…
윌 : 이봐요!

그들은 프로젝터 위에 자신의 증명을 놓는 윌에게 돌아선다. 그 상이 그들의 얼굴 위에 비친다.

윌 : 여기에 다 써 놨어요. 이 편이 훨씬 간단하죠.

■ **session**
2인 이상이 어떤 일을 하는 한동안의 시간

■ **esteem**
존경하다, 존중ㅎ다, 중하게 여기다
= respect and admire greatly

■ **work station**
워크 스테이션 (사무실에서 작업자 한 사람에게 주어지는 작업 장소)

■ **geometrical**
기하학(상)의 기하학적인

■ **vertices**
〈기하〉 꼭지점, 정점, vertex의 복수, vertexes로도 쓴다

■ **term**
〈수학〉 항, 〈기하〉 한계점

■ **projector**
투사기,투광기,영사기
= an apparatus for projecting films or pictures onto a surface

■ **be cast over**
~을 (…으로) 덮다 (감싸다)

What do you mean "he didn't talk?"
"말을 안 하다니," 그게 무슨 말이야?
= What do you mean by "he didn't talk?"

Zoom In

What do you mean "he didn't talk?"
"말을 안 하다니," 그게 무슨 말이야?

Lambeau and Pekec check it.

TOM : Sometimes people get lucky. You're a brilliant man. Alexander walks out. Lambeau smiles.

INT. SEAN'S OFFICE. DAY

Will and Sean sit in silence. A long moment passes. Sean casually reclines in his chair, disinterested. Will restlessly looks around the room and then back to Sean. Sean whistles and then dozes off.

WILL : You know...

Sean wakes up.

WILL : I was on this plane once. And I'm sittin' there and uh... the captain gets on, and he does his whole, you know, "we'll be cruising at 35,000 feet," but then he puts the mike down. He forgets to turn it off.

SEAN : Um-hum.

WILL : And so he turns to the co-pilot. He's, like, "You know, all I could use right now is a fuckin' blow job and a cup of coffee." So the stewardess fuckin' goes bombin' up from the back of the plane to tell him that the microphone's still on. And this guy in the back of the plane is like, "Hey, hon, don't forget the coffee!"

SEAN : (chuckles) You ever been on a plane?

WILL : No, but it's a fuckin' joke. It works better if I tell it in the first person.

SEAN : Yeah, it does.

WILL : I have been laid, you know.

램보와 페켁이 그것을 검토한다.

톰 : 세상엔 행운아가 많죠. 교수님께선 진정 뛰어난 분이세요.

알렉산더가 걸어나간다. 램보는 미소 짓는다.

낮. 숀의 사무실. 내부
윌과 숀이 말없이 앉아 있다. 긴 순간이 지나간다. 숀은 무심코 의자에 기대고 있는데 무관심한 태도다. 윌이 침착하지 못하게 방안을 둘러보고는 숀을 바라본다. 숀은 휘파람을 분다. 그러다가 깜박 존다.

윌 : 있잖아요…

숀이 잠에서 깬다.

윌 : 한 번은 비행기를 탔었어요. 좌석에 편히 앉아 있는데 기장이 마이크에 대고 "우리는 3만 5천 피트로 순항 중입니다."라고 하더니 마이크 끄는 걸 잊어버린 거예요.
숀 : 그래.
윌 : 그리곤 부기장한테 말하기를, "오럴 섹스하고 커피만 있으면 바랄 게 없는걸."라는 거예요. 그러자 비행기 뒤쪽에서 스튜어디스가 마이크가 꺼지지 않았다고 말하러 달려갔죠. 그걸 보고 뒷좌석의 한 손님이 "아가씨, 커피도 잊지 말고 주고 오구려."라고 했죠.
숀 : (웃는다) 비행기 타 본 적 있어?
윌 : 아니요. 하지만 재밌잖아요. 경험자처럼 말하면 다들 더 우스워하거든요.
숀 : 그건 그렇지.
윌 : 여자하고도 자 봤어요.

■ **doze off**
깜빡 졸다
= fall into a light sleep unintentionally

■ **cruise**
순항하다, 순항 속도로 날다
= sail in an unhurried way, esp. for pleasure
= move at a fast but steady speed on a long journey

■ **co-pilot**
〈항공〉 부조정사

■ **blow job**
〈비어〉 입으로 하는 섹스, 구강섹스
= fellatio, oral sex

■ **go bombing**
빨리 움직여 가다

He forgets to turn it off.
그가 그것을 끄는 걸 잊어버린 거예요. (셔구 off it 이 안 되도록 주의)

Zoom In

He forgets to turn it off.
그가 그것을 끄는 걸 잊어버린 거예요.

SEAN : Really? Good for you.

WILL : Big time, big time.

SEAN : Big time, huh?

WILL : I went on a date last week.

SEAN : How'd it go?

WILL : It was good.

SEAN : Goin' out again?

WILL : I don't know.

SEAN : Why not?

WILL : Haven't called her.

SEAN : Christ, you're an amateur.

WILL : I know what I'm doing.

SEAN : Yeah.

WILL : Yeah. Don't worry about me. I know what I'm doin'. Yeah, but this girl was like, you know, beautiful. She's smart. She's fun. She's different from most of the girls I've been with.

SEAN : So, call her up, Romeo.

WILL : Why? So I can realize she's not that smart, that she's fuckin' boring? You know... I mean... you don't... This girl is, like, fuckin' perfect right now. I don't want to ruin that.

SEAN : Maybe you're perfect right now. Maybe you don't wanna ruin that. But I think that's a super philosophy, Will. That way, you can go through your entire life without ever having to really know anybody.

Sean looks directly at Will, who looks away. A beat.

숀 : 그래? 좋지.
윌 : 프로예요.
숀 : 대가라고?
윌 : 지난주에도 데이트 한 걸요.
숀 : 어땠어?
윌 : 좋았어요.
숀 : 또 만날 거야?
윌 : 몰라요.
숀 : 왜 몰라?
윌 : 전화를 안 했거든요.
숀 : 인제 보니 아마추어군.
윌 : 다 작전이죠.
숀 : 어련하겠나.
윌 : 걱정하지 마세요. 다 알아서 하고 있으니까. 하여간 그 여자애는 정말 예쁘고 똑똑하고 재미있어요. 그동안 사귄 여자들하고는 달라요.
숀 : 그럼 전화해, 로미오.
윌 : 왜요? 그러다가 똑똑지도 않고 재미없는 여자란 것만 알게요? 이 여자앤 지금 그대로가 완벽하다고요. 이미지 망치기 싫어요.
숀 : 반대로 완벽한 네 이미지를 망치기 싫어서겠지. 정말 대단한 인생철학이야, 윌. 평생 그런 식으로 살면 아무도 진실하게 사귈 수 없어.

숀이 윌을 똑바로 바라본다. 윌은 시선을 피한다. 잠시.

■ **big time**
(수입, 지위가) 최고 수준, 일류, 매우 즐거운

How'd it go?
어땠어?
= How did it go?
• How did the game go?
경기는 어떻게 되었나?

Zoom In

How'd it go?

어땠어?

SEAN : My wife used to fart when she was nervous. She had all sorts of wonderful idiosyncrasies.

Both laugh.

SEAN : You know, she used to fart in her sleep. Just I thought I'd share that with you. One night it was so loud it woke the dog up.

Both laugh.

SEAN : She woke up and gone, like, "Oh, was that you?" I said, "Yeah"... I didn't have the heart to tell her. Oh, God...

WILL : (laughing) She woke herself up?

SEAN : (laughing) Yeeeesss... O Christ... but, Will, she's been dead two years and that's the shit I remember. It's wonderful stuff, you know? Little things like that. Yeah, but, those are the things I miss the most. The little idiosyncrasies that only I knew about. That's what made her my wife. Boy, and she had the goods on me, too. She knew all my little peccadillos. People call these things imperfections. But they're not. Ah, that's the good stuff. And then we get to choose who we let into our weird little worlds. You're not perfect, sport. And let me save you the suspense. This girl you met isn't perfect either. But the question is, whether or not you're perfect for each other. That's the whole deal. That's what intimacy is all about. Now you can know

숀 : 내 아내는 긴장하면 방귀를 뀌곤 했어. 여러 가지 앙증맞은 버릇이 많았지만.

둘 다 웃는다.

숀 : 자면서까지 방귀를 뀌곤 했지. 지저분한 말 해서 미안하군. 어쨌든 어느 날 밤엔 소리가 어찌나 컸던지 개까지 깼어.

둘 다 웃는다.

숀 : 아내는 갑자기 벌떡 일어나 "아, 당신이 뀠수?" 하길래, 차마 용기가 안 나 "응" 하고 말았다니까!

윌 : (웃으며) 자기 방귀에 놀라서 깨요?

숀 : (웃으며) 그럼… 헌데, 윌. 아내가 세상 떠난 지 2년이나 됐는데 그런 기억만 생생해. 멋진 추억이지? 그런 사소한 일들 말이야. 제일 그리운 것도 그런 것들이야. 나만이 알고 있는 아내의 그 사소한 버릇들, 그게 바로 내 아내니까. 아내는 좋은 점도 가졌어. 반대로 아내는 내 작은 버릇을 다 알고 있었지. 남들은 그걸 단점으로 보겠지만, 오히려 그 반대야. 인간은 불완전한 서로의 세계로 서로를 끌어들이니까. 너도 완벽하진 않아. 기대를 망치게 해서 미안하지만 네가 만났다는 그 여자애도 완벽하진 않지. 중요한 건 과연 서로에게 얼마나 완벽한가 하는 거야. 그게 궁극적인 문제야. 남녀관계란 바로 그런 거지. 이 세상에 모르는

■ **fart**
방귀를 뀌다
= send out air from the bowels through the anus

■ **idiosyncrasy**
(개인의) 특이성, 특질, 개성, (구어) 기행
= a strange or unusual habit or way of behaving that a particular person has

■ **peccadillo**
가벼운 죄, 작은 과오
= a small unimportant fault or bad action

■ **suspense**
지속적인 긴장감, 서스팬스

■ **intimacy**
친교, 친밀, 친한사이

She used to fart in her sleep.
잠을 자면서 방귀를 뀌곤 했지.
• used to
~하는 것이 보통이었다. ~하는 버릇이었다

Zoom In

She used to fart in her sleep.

잠을 자면서 방귀를 뀌곤 했지.

everything in the world, sport, but the only way you're findin' out that one is by givin' it a shot. You certainly won't learn from an old fucker like me. And even if I did know, I wouldn't tell a pissant like you.

WILL : Yeah, why not? You told me every other fuckin' thing. Jesus Christ. Fuckin' talk more than any shrink I ever seen in my life.

SEAN : I teach the shit. I didn't say I knew how to do it.

WILL : Yeah... (sighs) You ever think about gettin' remarried?

SEAN : My wife's dead.

WILL : Hence, the word "remarried."

SEAN : She's dead.

WILL : Yeah... Well, I think that's a super philosophy, Sean. I mean, that way you can actually go through the rest of your life without ever really knowing anybody.

SEAN : Time's up.

Will stands up.

EXT. SKYLAR'S DORM. AFTERNOON
Will is waiting outside the door for someone to come out... so he can go in. Two girl students come out.

WILL : Hold it open.

GIRL STUDENT : Okay.

WILL : Thanks.

The sound of the piano is heard.

INT. SKYLAR'S DORM. AFTERNOON
The door to Skylar's dorm is partially open. Will stands outside while Skylar remains in her room and sings playing the piano.

게 없는 너라도 짝을 찾으려면 노력이 필요해. 내게서 그 방법을 배울 순 없을 거다. 안다 해도 너같이 건방진 녀석에겐 알려주기 싫거든.

윌 : 왜죠? 딴 얘긴 주절주절 다 해줬잖아요. 빌어먹을! 그쪽처럼 말 많은 의사는 처음 본다고요.

숀 : 가르치는 선생이라고 다 아는 건 아냐.

윌 : 그래요. (한숨 쉰다) 재혼을 생각해 본 적 없어요?

숀 : 내 아내는 죽었어.

윌 : 그러니까 "재혼"이죠.

숀 : 아낸 죽었어.

윌 : 선생님 인생철학도 대단하네요. 그렇게 살다간 평생 아무도 못 사귀게 돼요.

숀 : 시간 다 됐다.

윌이 일어선다.

오후. 스카일라의 기숙사. 외부
윌이 문밖에서 건물에 들어가기 위해 누군가가 나오기를 기다리고 있다. 두 여학생이 나온다.

윌 : 열어둬요.

여학생 : 그래요.

윌 : 고마워요.

피아노 치는 소리가 들린다.

오후. 스카일라의 기숙사. 내부
스카일라의 기숙사 방문이 약간 열려 있다. 윌은 스카일라가 방에서 피아노를 치며 노래하는 동안 밖에 서 있다.

- **shot**
  시도, 도전
- **pissant**
  〈속어〉 무가치한 사람
- **shrink**
  〈속어〉 정신과 의사
- **super**
  〈속어〉 극상의, 극도의, 최고급의
- **philosophy**
  철학, 형이상학
- **dorm**
  〈구어〉 기숙사, 공동침실
  = dormitory

Time's up.
시간이 다 됐다.
up은 be의 보;어로 쓰여 '다 끝나서'의 뜻

Zoom In

Time's up.
시간이 다 됐다.

SKYLAR : (sings to the piano) *"I'm happy with you*
I know I'm about to love you
Yeah, yeah, yeah. You know him."
Oh, my, you made me "G" minor seventh. Saddest of all chords.

Will knocks and Skylar welcomes him.

SKYLAR : Hello.

WILL : Hey.

SKYLAR : Where've you been?

WILL : I'm sorry, I've been like, I've been really busy and (clears throats) but uh...

SKYLAR : Me too... yeah... I've... I thought you'd call.

WILL : Yeah, um...

SKYLAR : I mean we really had good time.

WILL : I had a really good time, too. I mean, I just, I... I'm sorry, you know. I blew it.

SKYLAR : No. No. I mean, you know, it's all right.

WILL : Yeah, um... so I was... I was wonderin' if uh... if, you know, you'd give me another crack at it, you know, let me take you out again.

SKYLAR : Oh, I can't.

WILL : All right.

SKYLAR : Oh, no I didn't... I didn't mean I can't, like, ever. I just, can't right now. I 've got to assign the proton spectrum for ebogamine. Although it sounds really, really interesting, it's actually fantastically boring.

WILL : All right. Um...

스카일라 : (피아노에 맞춰 노래한다) *"그대와 있으니 난 행복해요*
그대를 사랑할 참이라는 걸 알아요
그래요, 그래. 그를 알잖아요"
이런, 사단조 7도 음정을 주는군. 모든 화음 중에서 가장 슬픈 건데.

윌이 노크한다. 스카일라는 반갑게 윌을 맞는다.

스카일라 : 안녕!
윌 : 반가워.
스카일라 : 그 새 어디 있었어?
윌 : 미안해. 좀 바빴거든. (헛기침한다) 헌데…
스카일라 : 나도. 전화 기다렸어.
윌 : 그래.
스카일라 : 그 날 정말 즐거웠었잖아.
윌 : 나도 즐거웠어. 미안해, 내가 다 망쳤지?
스카일라 : 괜찮아, 신경 쓰지 마.
윌 : 그래서 말인데 생각 있으면 다시 데이트 하고 싶어.
스카일라 : 아, 안 돼.
윌 : 알았어.
스카일라 : 아니, 그런 뜻은 아냐. 절대 안 된다는 게 아니라 당장은 곤란하다고. 알칼로이드 양성자 스펙트럼을 작성해야 하거든. 듣기엔 그럴듯 한데 진짜 하품 나는 과제야.
윌 : 그래. 그럼…

- **minor**
  단조
- **crack**
  〈기회〉기회, 찬스, 시도
- **give one another crack at**
  ~에게 또한버느이 기회를 주다
- **proton**
  〈물리〉 양자
- **spectrum**
  〈물리〉 분광, 스펙트럼,진상
- **ebogamine**
  알칼로이드

I blew it.
내가 망쳤어.
• blow
좋은 기회를 놓치다, 실패하다, 실수하다.

Zoom In

I blew it.
내가 망쳤어.

SKYLAR : Maybe some other time.

WILL : Like tomorrow?

SKYLAR : Um... yeah, all right.

WILL : Okay.

SKYLAR : Bye.

WILL : Bye.

EXT. HARVARD SQUARE. LATER

Will sits in an outdoor café, writing something on the paper.

EXT. SKYLAR'S DORM. DAY

Will is a solitary figure strolling across the lawn. A bell tolls. He stops at Skylar's dorm and knocks on the door.

INT. SKYLAR'S DORM. DAY

Will knocks and emerges. He hands her the paper he was working on.

SKYLAR : What're you doing here?

WILL : I couldn't wait till tomorrow.

SKYLAR : Where the fuck did you get this?

WILL : I had to sleep with someone in your class.

SKYLAR : Ohhh, I hope it was someone with the open-toed sandals and the really bad breath. (laughs)

WILL : Com'on, let's go have some fun.

SKYLAR : No. I... I've got to learn this.

WILL : Well, you're not going into surgery tomorrow, are you?

SKYLAR : No.

WILL : Let's go.

EXT. WONDERLAND RACETRACK. DAY

A bell rings. Will and Skylar sit in the stands watching the dogs run. The crowd shouts. Skylar looks through a field glasses.

스카일라 : 그러니까 다음에 하자.
윌 : 내일쯤?
스카일라 : 그래, 좋아.
윌 : 됐어.
스카일라 : 잘 가.
윌 : 잘 있어.

그 후. 하버드 광장. 외부
윌이 야외 카페에 앉아서 종이 위에 뭔가를 쓰고 있다.

낮. 스카일라의 기숙사. 외부
잔디밭을 지나 걸어가는 고독한 모습의 윌. 벨이 울린다. 그는 스카일라의 기숙사에서 문을 노크한다.

낮. 스카일라의 기숙사. 내부
윌이 나타난다. 그는 스카일라에게 자신이 쓴 종이를 내민다.

스카일라 : 왜 또 왔어?
윌 : 내일까지 못 기다리겠어.
스카일라 : 이건 또 어디서 났어?
윌 : 네 반 친구랑 잠까지 자며 알아낸 거야.
스카일라 : 설마 샌들 신고 다니는 애는 아니지? 그 애 입 냄새 죽이거든. (웃는다)
윌 : 빨리 나가서 놀자.
스카일라 : 안 돼. 이거마저 해야지.
윌 : 내일 수술이라도 받는 거 아니지?
스카일라 : 그야 물론.
윌 : 그럼 나가자.

낮. 원더랜드 경주장. 외부
벨이 울린다. 윌과 스카일라는 개들이 달리는 것을 지켜보면서 스탠드에 앉아 있다. 관중들이 소리친다. 스카일라는 쌍안경으로 보고 있다.

- **solitary**
  고독한
  = alone without companions
  = habitually alone by choice
- **surgery**
  〈외과〉 수술, 외과적 처치
- **racetrack**
  경마장, 경주로, 트랙
- **field glasses**
  (야외용의) 휴대용 소형 쌍안경

Let's go have some fun.
가서 재미있게 놀자
= Let's go and have some fun.
= Let's go to have some fun.

Zoom In

Let's go have some fun.

가서 재미있게 놀자

SKYLAR : Oh, my God! My dog is winning! Come on, Misty! Come on run! Look at that! Com'on! Look, there he goes. Misty, run. Com'on!

WILL : We won. (laughs)

SKYLAR : He totally won! So, did you grow up around here, then?

WILL : Not far. South Boston.

SKYLAR : Still glowing from my win. (laughs)

WILL : Look at you, you're so happy.

SKYLAR : And what was that like then?

WILL : It was, normal, I guess. Nothin' special.

SKYLAR : Do you got lots of brothers and sisters?

WILL : Do I have a lot of brothers and sisters?

SKYLAR : That's what I said.

WILL : Well, Irish Catholic. What do you think?

SKYLAR : Right... That's right. But how many?

WILL : Ah, you wouldn't belive me if I told you.

SKYLAR : Why? Go on. What? Five?

WILL : No.

SKYLAR : Seven? Eight? How many?

WILL : I have twelve big brothers.

SKYLAR : You do not!

WILL : No, I swear to God. I swear to God. I'm lucky 13 right here.

SKYLAR : Do you know all their names?

WILL : Do I…? Yeah. They're my brothers.

SKYLAR : What're they called?

WILL : Marky, Ricky, Danny, Terry, Mikey, Davey, Timmy, Tommy, Joey, Robby, Johnny, amd Brian.

스카일라 : 세상에! 내가 건 개가 이겨! 달려, 미스티! 더 빨리 뛰어! 저것 봐! 저기. 미스티, 달려, 힘 내!
윌 : 우리가 이겼어. (웃는다)
스카일라 : 정말이네! 너 이 근처에서 자랐니?
윌 : 부근이야. 남부 보스턴.
스카일라 : 아직도 흥분이 가라앉질 않아. (웃는다)
윌 : 거봐, 즐겁잖아.
스카일라 : 어릴 땐 어땠어?
윌 : 그냥 보통이었지, 뭐. 별다른 거 없어.
스카일라 : 형제는 많아?
윌 : 내 형제 말이야?
스카일라 : 그래.
윌 : 아일랜드계 가톨릭 가족인데 어떨 것 같아?
스카일라 : 알만해. 그래서 몇이나 돼?
윌 : 말해도 안 믿을걸.
스카일라 : 왜? 말해 봐. 얼마야? 다섯?
윌 : 아니.
스카일라 : 일곱? 여덟? 몇인데?
윌 : 형만 열둘이야.
스카일라 : 설마!
윌 : 신에 맹세코 정말이야. 난 행운의 열세 번째지.
스카일라 : 이름은 다 알아?
윌 : 이름? 당연하지. 형들인데.
스카일라 : 뭔데?
윌 : 마키, 리키, 대니, 테리, 마이키, 데이비, 티미, 토미, 조이, 로비, 조니, 그리고 브라이언.

■ **glow**
(몸이) 달아오르다, 격정이 타오르다, 감정이 복받치다
= show redness and heat in the face, after hard work or because of strong feelings

■ **win**
〈구어〉 승리(victory),성공,(경마등의) 1등

■ **What're they called?**
이름이 뭐야?
= What do you call them?
= What are their names?

I swear to God.
신에 맹세코 정말이야. 신에 맹세해.
= I swear before God.
= I swear by God.

Zoom In

I swear to God.

신에 맹세코 정말이야.

SKYLAR : Say it again.

WILL : Marky, Ricky, Danny, Terry, Mikey, Davey, Timmy, Tommy, Joey, Robby, Johnny, amd Brian.

SKYLAR : And Willy.

WILL : Willy?

SKYLAR : Yeah.

WILL : Will.

SKYLAR : Wow. Do you still see all of them?

WILL : Yeah. We'll, They all live in Southie. I… I'm livin' with three of them right now.

SKYLAR : Oh, yeah?

WILL : Yeah.

SKYLAR : Well, I'd like to meet them.

WILL : Yeah, we'll do that.

스카일라 : 다시 말해봐.
윌 : 마키, 리키, 대니, 테리, 마이키, 데이비, 티미, 토미, 조이, 로비, 조니, 그리고 브라이언.
스카일라 : 그리고 윌리.
윌 : 윌리?
스카일라 : 그래.
윌 : 윌이야.
스카일라 : 와, 서로 자주 만나?
윌 : 응. 다 같은 동네 살거든. 지금 셋하고 같이 살고.
스카일라 : 그래?
윌 : 응.
스카일라 : 한번 만나보고 싶다.
윌 : 그러지, 뭐.

Movie Talk 06

사랑은 홍역과도 같은 것인가?

그렇다고 당장 스카일라를 만나 사랑을 확인한다면 영화의 꼴이 말이 안 될 것이다. 한 번 더 비트는 것이 좋다. 결국, 말 한마디 못하고 수화기를 놓는 윌… 이렇게 상처받은 자는 마음을 열기가 무척 힘든 것이다.

세 번째 만남에서 상담자의 자세는 좀 더 아버지상에 가깝다. 담배를 피우는 것까지 몸에 좋지 않다고 간섭한다. 이를 덤덤히 받아들이는 윌에게서도 변화가 엿보인다. 이제 숀에게서 윌은 더 많은 뭔가를 기대할 것이다. 이를 교묘히 이용하는 숀… 상담할 때 "침묵을 두려워하지 마라."고 했지만 한 시간 내내 침묵하며 졸기까지 하면서 내담자가 스스로 말하기를 기다리는 모습은 퍽 인상적이다. 상담자의 이런 모습이 내담자가 마음을 열 때까지 기다리는 자세로 비친 것은 다행이다. 만약 내담자가 그런 모습을 상담자의 성의 없는 태도로 단정한다면 신뢰가 떨어져 다음 상담이 계속되기 어렵지 않을까? 상담자에게 내담자의 상황에 맞추어 어떤 바운더리[한계 내지 범주]까지 내담자가 수용하는지 예측해 가면서 상담에 임하는 노련함이 요구되는 장면이다.

한편 램보 교수와의 연구는 놀라울 정도의 진전을 보인다. 제 3자까지 참가한 상황에서 자신감은 윌의 치료에 큰 영향을 끼친다. 가장 자신 있는 쪽에서부터 발전하면서 자신감을 느끼게 하는 것은 윌의 앞날을 암시하는 것이 아닌가?

네 번째 만남에서 마침내 윌은 입을 열고 농담을 늘어놓기 시작한다. 어색한 분위기를 깨고자 하는 것도 있지만, 내담자의 입장에서 처음부터 자신을 내보인다는 것은 무리가 있다. 이렇게 포문을 연 윌은 사적인 문제까지 털어놓기 시작한다. 그는 스카일라와의 관계에서도 움츠러든 자

신의 콤플렉스를 노출한다. 물론 내담자의 과장행동을 거침없이 해석하는 상담자의 통찰력이 돋보인다. 윌은 허가 찔린다. 그도 약점이 있는 것이다. 그러나 반격하지 않는다. 서서히 마음을 열 수밖에 없게 된다. 특히 사별한 아내의 방귀 버릇을 들추어내면서 인간적인 모습을 보이는 데에 이르자 둘은 함께 웃기 시작한다. 둘의 마음이 하나가 되기 시작하는 것이다. 이성과의 관계에서 사랑의 진면모를 설파하는 숀의 얼굴은 진지하고 말에는 힘이 있으며 설득력이 실린다. 이젠 거꾸로 윌이 궁금증을 내세우기 시작한다. 상담에서 위치가 역전된 것이다. 이처럼 윌이 숀의 인간미에 빨려 들어가는 과정이 무척 세심하게 진행된다. 특히 내담자가 시간 가는 줄도 모르고 몰입하지만 상담자는 과감하게 시간관념을 심어 줌으로써 자칫 감정에 빠지기 쉬운 상담자의 전이를 차단하는 부분은 꽤 인상적이다.

마침내 새로운 사랑의 개념에 눈을 뜨기 시작한 윌은 용기를 내어 스카일라를 찾아간다. 이제 그녀와의 관계에서도 윌이 적극적으로 주도권을 쥐기 시작한다. 그러나 아직 그로서는 자신이 고아라는 것을 말할 준비가 안 되어 있다. 스카일라를 놓칠까봐 두려워하고 있는 것이다.

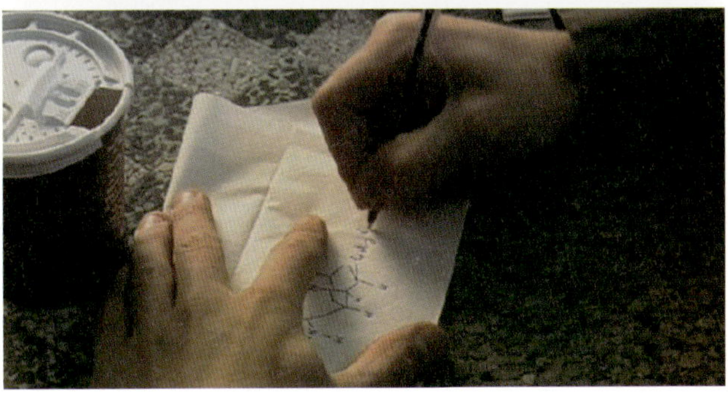

Chapter 7

썩 잘 어울리는 커플들

Well-Matched Couples

시간 01:03:03 ~ 01:13:35

INT. SEAN'S OFFICE. DAY
Sean and Will in session.

WILL :	Oh, you know. I read your book last night.
SEAN :	Oh, so you're the one.
WILL :	(laughs) Do you still uh... do you still counsel veterans?
SEAN :	No, I don't.
WILL :	Why not?
SEAN :	Well, I gave it up when my wife got sick.
WILL :	You ever wonder what your life would be like if you uh... if you never met your wife?
SEAN :	What? Wonder if I'd be better off without her?
WILL :	No, no no. I'm not saying, like, better off.
SEAN :	No.
WILL :	I didn't mean it like that.

Will starts to clarify his question.

낮. 숀의 사무실. 내부
숀과 윌이 면담 중이다.

윌 : 어제 선생님 책 읽었어요.
숀 : 아, 한 권 사갔던 게 바로 자네였구먼.
윌 : (웃는다) 지금도 퇴역군인들 상대로 상담하세요?
숀 : 아니.
윌 : 왜요?
숀 : 아내가 아팠을 때 그만뒀어.
윌 : 선생님 삶이 어떠했을지 생각해 봤어요. 부인을 만나지 않았더라면요.
숀 : 뭐야? 더 잘살 수 있었을 거라고?
윌 : 아니, 잘 산다니, 뭐, 그런 말이 아니에요.
숀 : 아니라.
윌 : 그런 뜻은 아니었어요.

윌이 자신의 질문을 명확히 하려고 한다.

- **veteran**
  퇴역 군인, 재향 군인
  = someone, young or old, who has served in the armed forces, esp. during the war

- **better off**
  보다 편안한(넉넉한) 살기 좋아진

- **clarify**
  분명히 하다, 이해하기 쉽게 하다
  = make clearer and easier to understand, esp. by explaining and giving more details

SEAN :	It's all right. It's an important question. 'Cause you'll have bad times, but that'll always wake you up to the good stuff you weren't paying attention to.
WILL :	And you don't regret meetin' your wife?
SEAN :	Why? Because of the pain I feel now? Oh, I got regrets, Will, but I don't regret a single day I spent with her.
WILL :	So, when did you know, like, that she was the one for you?
SEAN :	October 21, 1975.
WILL :	Jesus Christ. You know the fuckin' date?
SEAN :	Oh yeah. 'Cause it was game six of the World Series. Biggest game in Red Sox history.

The game is shown on the screen.

WILL :	Yeah, sure.
SEAN :	My friends and I had, you know, slept out on the sidewalk all night to get tickets.
WILL :	You got tickets?
SEAN :	Yep. Day of the game. I was sittin' in a bar...

The game is shown on the screen.

SEAN :	...waiting for the game to start, and in walks this girl. Oh, it was an amazing game, though. You know, bottom of the eighth. Carbo ties it up. It was 6-6. It went to 12.

The game is shown on the screen.

숀 : 괜찮아. 좋은 질문이네. 살다 보면 힘든 때도 있지만, 그럴 때면 평소에 생각지도 못했던 일에 새삼 감사하게 돼.

윌 : 그럼 부인과 만난 거 후회 안 해요?

숀 : 왜? 지금 느끼는 이 고통 때문에? 물론 후회하는 일은 많지만 아내와 보낸 나날들은 후회하지 않아.

윌 : 그러니까 언제 이 여자가 내 여자라는 걸 아셨죠?

숀 : 1975년 10월 21일.

윌 : 맙소사. 날짜까지 기억하세요?

숀 : 당연하지. 레드삭스팀 역사상 가장 큰 월드시리즈 게임을 치른 날이었거든.

그 시합이 화면에 나타난다.

윌 : 맞아요.

숀 : 그 날 표를 사려고 친구들과 줄 선 채 날밤을 새웠었지.

윌 : 그래서 샀어요?

숀 : 물론. 게임이 있던 날. 난 술집에 앉아서…

그 시합이 화면에 나타난다.

숀 : 게임이 시작되기를 기다리는데 한 여자가 들어오는 거야. 어쨌든 멋진 시합이었어. 8회 말 카보의 안타로 6:6 동점이었는데 12회까지 갔지.

그 시합이 화면에 나타난다.

- **pay attention to**
  ~에게 주의를 기울이다
- **sleep out**
  야숙하다, 외박하다
  = sleep away from home or outdoors
- **In walks this girl.**
  이 여자가 걸어들어 오잖아.
  강조용법으로 도치가 되어 쓰였다
  = This girl walks in.
- **bottom**
  〈야구〉 ~회의 말

You don't regret meeting your wife?
부인 만난 것 후회 안해요?
= Don't you regret having met your wife?

Zoom In

You don't regret meeting your wife?

부인 만난 것 후회 안해요?

SEAN : Bottom of the 12th, in stepped Carlton Fisk, Old Pudge. Steps up to the plate, you know, and he's got that weird stance.

The game is shown on the screen.

WILL : Yeah, yeah.

SEAN : And then... boom! He clocks it, you know.

The game is shown on the screen.

SEAN : High fly ball down the left field line!

Sean gets excited gradually and mimics Carlton's playing. Will gets excited, too. The game is shown on the screen.

SEAN : Thirty-five' thousand people, on their feet, yellin' at the ball, but that's nothing, because of Fisk. He's wavin' at the ball like a madman.

WILL : Yeah, I've seen that.

SEAN : "Get over! Get over!"

WILL : Right!

The game is shown on the screen.

SEAN : "Get over!" And then it hits the foul pole. Oh, he goes ape shit, and 35,000 fans, you know...

The game is shown on the screen.

SEAN : ...they charge the field, you know.

The game is shown on the screen.

숀 : 12회까지 끈 끝에 12회 말 포동이 칼튼이 타석에 들어섰어. 그 특이한 자세로!

그 시합이 화면에 나타난다.

윌 : 네 맞아요.
숀 : 그리곤… 딱하고 쳐냈지.

그 시합이 화면에 나타난다.

숀 : 공이 레프트 필드 라인 쪽으로 날아가자!

숀이 점점 흥분해서 칼튼의 플레이를 흉내 낸다. 윌도 마찬가지로 흥분한다. 그 시합이 화면에 나타난다.

숀 : 3만 5천의 관중들은 모두 자리에서 일어나 환호를 했고 칼튼은 미친 사람처럼 공에게 외쳤지.
윌 : 그래요, 나도 봤어요.
숀 : "넘어가! 넘어가!"
윌 : 맞아요!

그 시합이 화면에 나타난다.

숀 : "넘어가!" 공이 파울 막대를 치며 담을 훌쩍 넘자 그는 이상하게 흥분했어. 그리고 3만 5천여 관중들은…

그 시합이 화면에 나타난다.

숀 : 구장으로 달려 나왔지.

그 시합이 화면에 나타난다.

- **pudge**
  땅딸막한 사람
- **weird**
  이상한, 기묘한
  = very strange
  = unnatural, mysterious, and or frightening
  = eerie
- **clock**
  (기록)을 달성하다, (득점)을 올리다, 승리하다, 시간을 재다, 정확히 측정하다
- **on one's feet**
  일어서서
- **foul pole**
  〈야구〉 파울기둥
  • foul
  〈야구〉 파울의, 반칙의
- **charge**
  ~을 가득 채우다, ~에 채워 넣다
  = load (a gun)
  = fill

He goes ape shit.
그는발광했어.
shit는 강조의 의미로 들어갔다.
• go ape
〈속어〉 미치다, 발광하다

Zoom In

He goes ape shit.
그는발광했어.

WILL : Yeah, and he's fuckin' blowin' police out of the way!

The game is shown on the screen.

SEAN : "Get out of the way! Get out of the way!" Banging people...

Both stand up, very excited, and cry mimicking the players' gestures. The game is shown on the screen.

WILL : I can't fuckin' believe you had tickets to that fuckin' game!

SEAN : Yeah!

WILL : Did you rush the field?

SEAN : No... I didn't rush the fuckin' field. I wasn't there.

WILL : What?

SEAN : No... I was in a bar, havin' a drink with my future wife.

WILL : You missed Pudge Fisk's home run?

SEAN : Oh, yeah.

WILL : To have a drink with some lady you never met?

SEAN : Yeah, but you should've seen her. She was a stunner.

WILL : I don't care if fuckin'...

SEAN : Oh, no, no, no. She lit up the room.

WILL : I don't care if Helen of Troy walked into the room! That's game six!

SEAN : Oh, Helen of Troy...

WILL : Oh my God, and who were these fuckin' friends of yours? They let you get away with that?

윌 : 그래요, 화를 내는 경찰들을 피하면서!

그 시합이 화면에 나타난다.

숀 : "저리 비켜! 비키라고!" 칼튼은 사람들을 떠밀면서…

둘은 몹시 흥분한 상태로 일어나 선수들을 흉내 내며 소리를 지른다. 그 시합이 화면에 나타난다.

윌 : 세상에, 그 시합의 표를 사셨다니 놀라워요.
숀 : 그럼!
윌 : 선생님도 구장에 내려갔었어요?
숀 : 아니, 안 내려갔지. 거기 없었거든.
윌 : 네?
숀 : 그 시간에 난 술집에서 내 미래의 아내와 술 마시고 있었어.
윌 : 포동이 칼튼의 홈런 장면을 놓쳤어요?
숀 : 그래.
윌 : 생전 처음 보는 여자랑 술 마시느라고요?
숀 : 그래, 네가 그 여잘 봤어야 해. 그 여잔 정말 매력적이었어.
윌 : 빌어먹을…
숀 : 아니, 아니지. 그녀는 술집을 환히 비출 정도였으니까.
윌 : 절세미녀가 들어온다고 해도 그렇지! 그런 시합을 놓치다니!
숀 : 아, 절세미녀였지.
윌 : 맙소사, 그런데 친구들이 가만있었어요?

- **blow**
  거칠어지다, 소리치다, 격분하다
  = leave suddenly and quickly
  = move by the force of a current of air
- **stunner**
  〈구어〉 깜짝 놀랄정도로 훌륭한(근사한) 사람, 굉장한 미인
- **get away with**
  ~을 잘 해내다(벌)을 교묘히 모면하다

Oh, Helen of Troy...
아, 절세미녀였지…
스파르타 왕의 아내로 트로이 왕자 Paris에게 잡혀가 트로이 전쟁이 일어남
= She is one in a thousand

Zoom In

Oh, Helen of Troy...

아, 절세미녀였지…

SEAN : Oh... They had to.

WILL : W-w-w-what did you say to them?

SEAN : I just slid my ticket across the table and I said, "Sorry guys. I gotta see about a girl."

WILL : (chuckles) "I gotta go see about a girl?"

SEAN : Yeah.

WILL : That's what you said?

SEAN : I had.

WILL : And they let you get away with that?

SEAN : Oh, yeah. They saw it in my eyes that I meant it.

WILL : You're kiddin' me.

SEAN : No, I'm not kiddin' you, Will. That's why I'm not talkin' right now about some girl I saw at a bar twenty years ago. And how I always regretted not goin' over there and talkin' to her. I don't regret the eighteen years I was married to Nancy. I don't regret the six years I had to give up counseling when she got sick. And I don't regret the last years when she got really sick. And I sure as hell don't regret missing that damn game. That's regret.

WILL : Wow! (sighs) Would have been nice to catch that game, though.

SEAN : I didn't know Pudge was gonna hit a home run.

They laugh.

INT. SKYLAR'S ROOM. NIGHT
Will and Skylar lie on the bed and make love.

숀 : 어쩔 수 없었거든.
윌 : 뭐라고 했는데요?
숀 : 그냥 내 입장권을 주면서 "미안해. 꼭 만나 봐야 할 여자가 있어."라고 했지.
윌 : (낄낄 웃는다) "꼭 만나봐야 할 여자가 있다"고요?
숀 : 그랬어.
윌 : 그렇게 말했어요?
숀 : 그래.
윌 : 그러니까 가만있어요?
숀 : 당연하지. 내 눈빛이 진지했으니까.
윌 : 농담하지 마세요.
숀 : 천만에! 이건 20년 전에 스친 여자 얘기가 아냐. 그때 그녀에게 다가가 말을 걸지 않았으면 난 평생 후회했을 거야. 낸시와의 18년 결혼생활도, 아내가 아파 6년이나 일을 그만 뒀던 것도, 또 병상을 지켰던 2년도 난 후회하지 않아. 그깟 시합 못 본 건 아무것도 아냐. 후회하지 않아.
윌 : 와! (한숨 쉰다) 그때 그 시합을 봤으면 신났을 거예요.
숀 : 칼튼이 홈런을 날리리라곤 상상도 못 했어.

그들은 웃는다.

밤. 스카일라의 방. 내부
윌과 스카일라가 침대에 누워 사랑을 나눈다.

■ **slide across**
~ 위를 미끄러져 가로지르다
• slid
slide의 과거, 과거분사형.

■ **I gotta go see about a girl.**
어떻게든 여자를 만나야 한다.
= I have got to go to see about a girl.
• see about
어떻게든 조치를 강구하다

■ **sure as hell**
꼭, 확실히, 정말로

Would have been nice to catch hat game.
그 시합을 봤더라면 신났을 텐데.
= It would have been nice to catch that game.
= It would have been nice if you had caught that game.

Zoom In

Would have been nice to catch that game.
그 시합을 봤더라면 신났을 텐데.

SKYLAR : You know, I'm very, very useful on the court. I'm extremely tall.

WILL : You're not that tall.

SKYLAR : I dunk... (picks up her piggy bank on the table and rattles it) Will I ever play in the NBA? "It is decidedly so." Humph. Why do we always stay here?

WILL : 'Cause it's nicer than my place.

SKYLAR : Yes, but I've never seen your place.

WILL : I know. (laughs)

SKYLAR : When am I going to meet your friends, and your brothers?

WILL : Oh, well, they don't really come down here that much.

SKYLAR : Well, I think I can make it to South Boston.

WILL : Aah, it's kind of a hike.

SKYLAR : Is it me you're hiding from them or the other way around?

WILL : All right, we'll go.

SKYLAR : When?

WILL : I don't know... We'll go sometime next week.

SKYLAR : What if I said I would not sleep with you again until you let me meet your friends?

WILL : (groans) I'd say it's, like, 4:30 in the mornin'. They're prob'ly up.

Will reaches for phone.

SKYLAR : Oh, my God. Men are shameless. If you're not thinking with your wiener, then you're acting directly on its behalf.

스카일라 : 난 키가 커서 농구시합에 굉장히 유리해.
윌 : 그 정도로 크진 않아.
스카일라 : 덩크도 하는걸. (테이블에서 돼지저금통을 들어 딸랑거리며) NBA에서 뛸 수 있을까? "확정적임." 흠. 근데 왜 맨 날 내 방에만 오는 거야?
윌 : 내 방보다 깨끗하거든.
스카일라 : 그런지 안 그런지 난 구경도 못 해 봐서 몰라.
윌 : 알아. (웃는다)
스카일라 : 자기 친구들하고 형제들은 언제 만나게 해 줄 거야?
윌 : 글쎄, 그 애들은 이쪽에 잘 오지 않아.
스카일라 : 내가 남부 보스턴으로 가면 되잖아.
윌 : 그래도 꽤 멀어.
스카일라 : 내가 창피한 거야, 아니면 그 반대야?
윌 : 좋아, 가자.
스카일라 : 언제?
윌 : 글쎄, 다음 주쯤 가지.
스카일라 : 친구 만나게 해 줄 때까지는 같이 안 자겠다고 말한다면?
윌 : (신음한다) 좋아. 지금 새벽 4시 반이지. 아직 안 잘 거야.

윌이 전화기에 손을 뻗친다.

스카일라 : 맙소사, 같이 안 자겠다는 건 무서운가 보군. 내가 말도 안 하는 돌부처 같으면 날 싫어할 거야.

- **extremely**
  극단적으로, 극히, (구어) 매우 몹시
  = very, highly

- **NBA**
  미국 농구 협회
  = National Basketball Association

- **the other way round**
  반대로, 거꾸로
  = the other way about

- **shameless**
  뻔뻔스러운, 파렴치한, 부끄러운 줄 모르는

- **wiener**
  프랑크푸르트 소시지, 비엔나 소시지

- **on its behalf**
  그것을 대표해서, 그것을 대신해서
  = on behalf of it

What if I said I would not sleep with you again?
내가 너랑 안 자겠다고 말하면 어떻게 될까?
What if~?에는 '~한다면 무슨 일이 일어날까?, 어떻게 될까?'의 뜻과 '~한들 무슨 상관이야?, 뭐 어때?'의 뜻이 있다.
= What would happen if I said I would not sleep with you again?

Zoom In

What if I said I would not sleep with you again?

내가 너랑 안 자겠다고 말하면 어떻게 될까?

WILL : You bet. And on behalf of my wiener, can I get, like, an advance payment?

SKYLAR : Well, I don't know. Let's ask... "Outlook does not look good."

CHUCKIE : (over the telephone) What?

WILL : Fuck tha... Hey, Chuck. No, nothing. Go back to sleep. (hangs up) "Outlook?" That's the same thing that told you you was gonna play in the NBA.

SKYLAR : Well, exactly. So look out. You'd better start buying some season tickets. (Will kisses her) Mmm! I... I plan to... I'm tall. I like wearing shorts. Hook, hook! Dunk, dunk!

WILL : You're not that tall.

SKYLAR : Yes, I am. Maybe I'm all about three points.

WILL : I'm all about home runs.

SKYLAR : (laughs) Stop mixing your sporting metaphor.

They laugh and kiss.

INT. L STREET BAR & GRILL. LATER
Skylar and Will sit together along with Will's gang.

CHUCKIE : The leprechaun's uh... got his dick in the monkey's ass and Morgan comes running in, going, "I don't mind it. I don't mind..."

All laugh.

MORGAN : Well, I can't believe you brought Skylar here when we're fuckin' all bombed and drinking.

윌 : 당연하지. 그러니까 말인데 웃기는 얘기라도 안 해줄래?

스카일라 : 몰라. 어디 한 번 알아볼까? "전망이 좋지 않다."

처 키 : (전화에서) 뭐야?

윌 : 이봐, 처키. 그냥 해봤어. 다시 자. (전화를 끊는다) "전망?" 그거 잘 맞네. 미래의 NBA 선수와 지내다니 난 행운아야.

스카일라 : 그러니까 미리미리 입장권 사둬. (윌이 그녀에게 키스한다) 난 진짜 농구선수가 될 거니까. 반바지 입는 것도 좋아하지. 슛, 슛! 덩크, 덩크!

윌 : 너 별로 키 안 커.

스카일라 : 아냐 커. 난 뭐든 3점 슛처럼 프로가 좋아.

윌 : 난 뭐든 홈런이 좋은데.

스카일라 : (웃는다) 제발 말장난 그만해.

그들은 웃고 키스한다.

그 후. 앨 스트리트 술집 겸 식당. 내부
스카일라와 윌이 윌의 일당들과 함께 앉아 있다.

처 키 : 요정이 원숭이하고 성교하는 걸 보고 모건이 달려와 외쳐대는 거야. "괜찮으니까 계속해."

모두 웃는다.

모 건 : 잔뜩 취했는데 스카일라를 데려오다니 놀랐어.

■ **outlook**
전망
= a view from a particular place
= future probabilities

■ **Hook**
〈농구〉 훅슛

■ **metaphor**
은유, 비유

■ **leprechaun**
(자그마한 노인의 모습을 한) 요정, 램프, 레콘, 이것을 붙잡으면 숨겨진 보물이 있는 것을 알려준다.

■ **bomb**
〈속어〉 크게 실패하다, 폭격하다

I don't mind it.
난 신경 안 써.
= I don't care about it.

Zoom In

I don't mind it.

난 신경 안 써.

WILL : I know, Morgan. It's a real rarity that we'd be all drinkin'.

CHUCKIE : You know, my uncle Marty drinks. Yeah, he'll go on a bender for six, eight months.

BILLY : Yeah.

CHUCKIE : Did I ever tell you what happened to him when he was drinking up there and got pulled over? I told you guys, right?

WILL : Marty. Yeah.

MORGAN : You did tell us.

CHUCKIE : Well, let me tell you... Well, let me tell you what happened to my uncle Marty because you ought to know this.

MORGAN : He's always tellin' stories over here. Every time we come here he's got another story. But we all heard this one. Go ahead. Just say it anyway. Go ahead.

CHUCKIE : I'll go ahead. Thanks a lot. I guess I have the floor, now. Um... yeah, my uncle Marty's drivin' home, right? Bombed out of his tree, right? Just hammered out of his gourd. Just wrecked. And this State trooper, uh... sees him, pulls him over. So, my uncle's fucked basically. Got him out of the car, trying to make him walk the line. He gets out of the car and, you know, pukes on the guy. The statie's pretty sure he's over the legal limit. So, he's about to throw the cuffs on him and put him in jail. And all of a sudden fifty yards down the road, there's this huge fuckin' boom, right. So, statie gets real spooked, and he turns around...

윌 : 알아, 모건. 모두 함께 마시는 건 드문 일이잖아.

처 키 : 마티 삼촌은 마셨다 하면 6, 8개월 계속 술이야.

빌 리 : 그래.

처 키 : 전에 경찰에 걸렸을 때 어쨌는지 말했었지?

윌 : 마티 삼촌. 그래.

모 건 : 말했어.

처 키 : 마티 삼촌에게 어떤 일이 있었는지 말해 줄게. 꼭 알아야 하거든.

모 건 : 하여간 처키는 얘기꾼이야. 만날 때마다 새 얘기를 해대니 말이야. 근데 그 얘긴 들은 것 같다. 하여간 얘기해 봐.

처 키 : 하지 말래도 할 거야. 이제 내 독무대니까. 간섭 마. 마티 삼촌이 집에 운전하고 가는데, 물론 완전히 술에 절은 채였지. 경찰이 그걸 보고 세운 거야. 걸려도 된통 걸린 거지. 음주시험을 하겠다며 내리라는데 삼촌이 내리자마자 경찰 얼굴에 토했고 경찰은 확실히 음주운전이다 싶어 수갑을 채워 감옥에 넣으려는데 갑자기 50야드 떨어진 길 아래쪽에서 "쾅" 하는 거야. 깜짝 놀란 경찰이 돌아서는데…

■ **rarity**
드문 것, 좀처럼 없음, 진귀함

■ **go on a bender**
마시고 떠들다
• bender
= a wild period of uncontrolled drinking

■ **have the floor**
발언권을 갖다

■ **gourd**
(호리병박을 말려서 만든) 술병

■ **trooper**
기마, 경찰

■ **puke**
토하다, 토해내다
= vomit or be sick

■ **spook**
〈구어〉 유령이 달라붙다, 위협하다, 무서워 떨다

I have the floor now.
내게 지금 발언권이 있어.
= have right to speak
발언권을 가지다
= exercise one's right to speak
발언권을 행사하다

Zoom In

I have the floor now.
내게 지금 발언권이 있어.

MORGAN : He got shot?

CHUCKIE : No, so, so… You heard this story before. Yeah, Morgan. Stop, stop. Some other guy's car had hit a tree. Okay, there was an accident. (coughs) Anyway…

MORGAN : How can he hear the other…

CHUCKIE : Shut the fuck up! Shut up. Okay. Shut up.

BILLY : (to Morgan) You're driving him nuts.

CHUCKIE : I'm gonna break your neck. Shut up!

BILLY : He told you the story once before, Morgan.

CHUCKIE : So, he tells my uncle, "Stay here. Don't move." So the statie goes runnin' down the... toad to deal with the other accident. After a few minutes of... of just lying in his own piss and vomit, my uncle starts wonderin' what he's doing there. Gets up, gets in his car. And just drives home. Well, the next morning, my uncle's just passed out, and he hears this knocking at the door. (knocks on the table) So he goes downstairs, fuckin' pulls him over. "What!" It's the State trooper that pulled him over. Statie says, "What the fuck do you mean? What? You know what? I pulled you over last night is what, and you fuckin' took off." He's, like, "Bitch, I never seen you before in my life. I 've been home all night with my kids. I don't know who the fuck you are." He's, like, "You know who I am. Let me get in your garage." And my uncle's like, "What?" He said, "You heard me, let me in your garage. He was, like, "All right, fine." Takes him out to the garage and opens the door and there's... the statie's police cruiser, is in my uncle's garage.

모 건 : 총성이었어?

처 키 : 아니. 들은 얘기라면서. 하여간 누군가 차를 나무에 받은 사고였던 거야. (기침한다) 어쨌든…

모 건 : 바로 뒤도 아닌데 어떻게 소릴 들었지?

처 키 : 닥쳐! 닥치라고!

빌 리 : (모건에게) 화나게 하고 있잖아.

처 키 : 모가지를 부러뜨릴 거야. 닥치라구.

빌 리 : 전에도 말한 건데 그걸 까먹느냐, 모건?

처 키 : 그래서 경찰은 삼촌에게 꼼짝 말고 있으라고 말하고는 아래 교통사고 현장으로 달려갔지. 근데 몇 분 후 토한 위에 누워있던 삼촌이 눈을 뜨더니 무슨 일인가 두리번거리다가 일어나 자기 차로 집에 돌아왔어. 다음 날 아침까지 술에 완전히 곯아 떨어져 있었는데 누군가 문을 두드리는 거야. (테이블을 노크한다) 삼촌이 아래층에 내려가 문을 열면서 "뭐야!"하고 봤더니 전날 밤에 그 경찰인 거야. 그러자 다짜고짜 경찰이 말하길 "뭐야 라니? 어제 음주운전으로 걸리고도 달아났잖소?" 근데 삼촌은 생전 처음 봤다는 투로 전날 밤엔 애들하고 집에 있었다고 시치미 뚝 뗐지. 그러자 경찰이 차고를 보여 달라고 했던 거야. 무슨 소리냐는 삼촌 말에도 막무가내니까 결국 경찰을 데리고 가 차고 문을 열었는데 글쎄 거기 경찰차가 있는 거야!

■ **vomit**
토함, 게우기, 토한 것
= throwing up the contents of the stomach through the mouth

■ **You know what?**
있잖아, 글쎄말야 (주의를 끌기 위해 서두에 쓰는 관용적인 표현)

■ **took off**
• take off
출발하다, 날아가다
= go away

■ **cruiser**
경찰 순찰차
=squad car

You're driving him nuts.
넌, 그를 미치게 하고 있잖아.
• nuts
= crazy
• go nuts
미치다, 머리가 돌다.
• drive one nuts
남을 미치게 하다.

Zoom In

You're driving him nuts.

넌, 그를 미치게 하고 있잖아.

Skylar laughs.

CHUCKIE : He was so fuckin'... he was so fuckin' hammered he drove the wrong car home. (coughs) And the best part about it is, the fuckin' State trooper was so embarrassed he didn't do anything. 'Cause he'd been drivin' around all night in my uncle's Chevelle looking for the house.

MORGAN : All right, Chuck. What the fuck is the point to your story?

CHUCKIE : Well, he got away. That's the point.

MORGAN : Well, question. Are you... are you...?

BILLY : Com'on, stop it.

MORGAN : I'm trying to clarify something.

BILLY : You're embarrassing him.

MORGAN : It doesn't make any sense.

BILLY : It does make sense if you listen to the story and quit asking questions.

SKYLAR : Well, let's see if you can get this one. I 've got a little story for you.

She has everyone's attention.

SKYLAR : All right. There's an old couple in bed, Mary and paddy. And they wake up on the morning of their... fiftieth anniversary. And Mary looks over and gazes adoringly at Paddy. She's like, "Ah, Jesus, Paddy. You're such a good lookin' feller. I love you. I want to give you a little present.

스카일라가 웃는다.

처 키 : 삼촌은 너무 취한 나머지 차를 잘못 몰고 온 거지. (기침한다) 더 웃기는 건 경찰이 그 사실이 너무 창피해서 아무 일도 하지 않았다는 거야. 삼촌 차를 몰고 밤새도록 삼촌 집만 찾아다닌 거지.

모 건 : 좋아, 처키. 도대체 그 얘기의 요점이 뭐야?

처 키 : 음주 운전하고도 빠져나갔다는 거. 그게 요점이지.

모 건 : 그럼 하나 묻자. 넌…?

빌 리 : 이봐. 그만둬.

모 건 : 뭔가 분명히 하려고 물으려는 거야.

빌 리 : 난처하게 하고 있잖아.

모 건 : 말이 안 돼.

빌 리 : 쓸데없는 질문 말고 잘만 들으면 다 이해가 돼.

스카일라 : 그럼 이 이야기는 이해할 수 있나 잘 들어 봐.

스카일라가 모두의 주의를 끈다.

스카일라 : 메리와 패디라는 한 쌍의 노부부가 있었어. 결혼 50주년이 되는 날 아침, 메리가 패디를 사랑스럽다는 듯이 쳐다보면서 "당신 정말 미남이구려. 사랑해요. 당신한테 뭐라도 선물하고 싶은데.

■ Chevelle
자동차 이름

■ quit
그만두다, 끊다

■ adoringly
숭배해서, 흠모하듯이

It doesn't make sense.
말이 안돼.
= It makes no sense.
• make sense
말이 돼다, 사리에 맞다

Zoom In

It doesn't make sense.

말이 안돼.

Anything you little heart desires, I'm going to give it to you. What would you like?" And Paddy's like, "Oh, gee, Mary. That's a very sweet offer. Now, in fifty years, there's one thing that's been missing. And uh... I would like you to give me a blow job. I would like for it. And Mary's like, "All right." She takes her teeth out, puts them in the glass, and she gives him a blow job. And afterwards, Paddy's like, "Yeah, geez, now that what I've been missing. That was the most beautiful, earth-shattering thing ever. Beautiful, Mary. I love you! Is there anything that I can do for you?" And Mary looks up at him and she goes, "Give us a kiss!"

The gang erupts with laughter.

CHUCKIE : Oh!

MORGAN : Oh, my God!

BILLY : That's filthy.

MORGAN : It's not that filthy. I've heard filthier.

All except Morgan laugh.

EXT. L STREET BAR & GRILLE. LATER
Everyone is walking out, saying good-bye.

CHUCKIE : (to Billy) Get off of me!

BILLY : All right. See you guys, later.

CHUCKIE : All right, take it easy, Bill. So, Skylar, thanks for coming by. You changed my opinion of Harvard people.

당신이 원하는 건 뭐든지 다 주리다. 뭘 드릴까요?" 그러자 패디가 "아, 여보. 정말 고맙구려. 50년을 함께 살면서 늘 한 가지 아쉬웠어. 오럴섹스 한 번만 해주구려. 그게 내 소원이야." 그러자 할머니는 "그렇게 하구려."하고는 틀니를 빼서 물컵에 집어넣고 진한 키스를 해드렸대. 그러자 할아버지 왈, "아, 바로 이런 기분이었구먼. 정말 황홀했어. 사랑하오, 여보. 내가 해 줄 일이 뭐 있소?" 그러자 할머니가 할아버지를 보더니 이랬대. "키스를 해주구료."

일동은 웃음을 터뜨린다.

처 키 : 오!
모 건 : 맙소사!
빌 리 : 추잡해.
모 건 : 천만에. 난 더 추잡한 얘기도 아는걸.

스카일라, 윌, 처키 그리고 빌리가 웃는다.

그 후. 앨 거리 식당 겸용 술집. 외부
모두가 걸어 나와서 작별인사를 한다.

처 키 : (빌리에게) 손 치워!
빌 리 : 좋아. 나중에 또 보자.
처 키 : 그래. 조심해서 가. 스카일라 와 줘서 고마워. 네가 하버드의 이미지를 바꿔놨어.

■ **Give us a kiss!**
이 장면에서 우스운 것은 오럴 섹스를 한 결과 할머니의 입에 무엇이 남아 있는 지를 상상해 보도록
= Give me a kiss!

■ **erupt**
(감정이) 폭발하다

■ **filthy**
불길한, 더러운, 음탕한
= extremely dirty, showing or contain-ing something very rude or immoral

Is there anything I can do for you?
내가 해 줄 일이 뭐 있소?
= There's something I can do for you?

Zoom In

Is there anything I can do for you?
내가 해 줄 일이 뭐 있소?

SKYLAR : Oh, well, you don't wanna rush to judgment on that one' cause, you know, they're not all like me.

CHUCKIE : Oh, I'm sure. It was nice to meet you.

Chuckie and Skylar hug each other.

SKYLAR : Oh...

WILL : Take it easy.

CHUCKIE : Oh, com'on, brother!

WILL : Slowly back away.

Chuckie heads towards Will to say good-night.

WILL : I don't know what you're doing, dude. You're giving us a ride.

CHUCKIE : What the fuck do I look like to you?

MORGAN : Com'on, Chuck!

CHUCKIE : 'Cause you're walking bitch! Will's taken' the car!

WILL : All right. Thanks, sucker. I appreciate it.

CHUCKIE : Well, I don't know what you're getting all serious about. You're dropping me off first.

WILL : It's really outta the way.

Both chuckle.

CHUCKIE : Oh... Okay... Just 'cause you don't have to sleep to sleep in your one room palace tonight, don't start thinkin' you're bad.

SKYLAR : (to Will) Hey, wait a minute. You said we were gonna see your place.

스카일라 : 섣불리 판단하지 마. 다들 나 같진 않거든.
처 키 : 그렇겠지. 어쨌든 반가웠어.

처키와 스카일라가 서로 포옹한다.

스카일라 : 오!
윌 : 조심해.
처 키 : 알았어!
윌 : 물러서라고.

처키가 작별인사를 하러 윌을 향한다.

윌 : 뭐 하는 거야. 우릴 태워줘야 하잖아.
처 키 : 내가 눈치코치도 없는 줄 알아?
모 건 : 빨리 와, 처키!
처 키 : 차는 윌한테 맡기고 걸어가자!
윌 : 그래, 정말 고맙다.
처 키 : 그렇게 마음에 걸리면 말이야. 가다가 나 먼저 내려 주라.
윌 : 그거 곤란하지.

둘 다 낄낄거린다.

처 키 : 알았어, 인마. 오늘 밤에 딴 데서 자게 됐다고 너무 우쭐대지 마.
스카일라 : (윌에게) 잠깐. 오늘 밤 네 방 구경시켜 준댔잖아.

- **rush to judgment**
  성급히 판단하다
- **dude**
  녀석, 자네, 멋쟁이, 젠체하는 사람
  = a city man, esp. an Easterner in the West
- **sucker**
  〈속어〉 놈, 녀석
- **It's really outta the way.**
  그거 정말 곤란하지.
  • out of the way
  온당치 않은, 그릇된

Take it easy.
〈구어〉 서두르지 마. 느긋하게 해. 긴장 풀어. 잘 가.

Zoom In

Take it easy.
서두르지 마.

WILL : No, not tonight.

CHUCKIE : Oh, no, not tonight. Not any other night, hon. He knows, once you see that shit-hole he's getting' dropped like a bad habit.

SKYLAR : But I wanted to meet your brothers...

WILL : No, we're gonna do that another time.

SKYLAR : All right.

WILL : (to Chuckie) Need them keys.

윌 :	오늘밤은 안 돼.
처 키 :	절대 구경 안 시켜 줄 걸요. 워낙 돼지우리라 보여줬다간 당장 차일 테니까.
스카일라 :	네 형제도 만나보고 싶단 말이야.
윌 :	아니, 다음에 하자.
스카일라 :	알았어.
윌 :	(처키에게) 차 열쇠 줘.

■ **hon**
귀여운(사랑스러운) 사람
= honey

Movie Talk 07

사랑에는 조건이나 경계가 없다, 다만 사랑만이 있을 뿐이다

다시 다섯 번째의 상담이 진행된다. 이번에 어느 정도 발전할 수 있을까?

놀랍게도 윌이 숀을 이해하려고 숀의 책까지 읽고서 상담에 응한다. 아니 이제는 내담자가 아니라 자신이 상담자가 된 느낌이 들 정도로 숀의 상황을 이해하며 오히려 자신이 질문하고 숀이 대답을 한다. 그 와중에 그들 둘이 화합을 할 수 있는 화제로 이야기가 전개된다. 각본가의 승리다. 숀이 아내와의 만남을 신이 나서 설명해 나갈 때 이야기의 초점은 월드 시리즈로 옮겨간다. 결국, 점점 흥분하는 이들은 친구나 부자 관계처럼 다정하게, 그러나 자신들도 모르는 사이에 일어나 함성을 지르면서 보스턴 레드삭스 팀의 역사적인 경기를 회상한다. 이는 이들 관계의 발전은 물론 그들이 부자 관계가 될 수도 있음을 강하게 암시한다. 그러면서 숀은 아내와의 사랑 이야기를 회상하면서 윌에게 진정한 사랑의 의미와 인생에서 인간과의 관계가 얼마나 소중하고 값진 것인가를 느끼도록 한다. 아내와 살았던 짧은 시간이 평생 자

기의 가슴에 남아 있고 병간호를 하던 어려웠던 순간도 다 아름답게 승화시키는 상담자를 보고 내담자는 자연스럽게 자신의 여자친구 문제를 고민하게 된다. 이는 로저스의 1960년대 상담기법일 것이다. 즉 상담자와 내담자로서가 아니라 인간 대 인간으로서 서로 대화를 하는 상담기법을 그대로 보는 것 같다. 매우 타당성이 있으며 사실적이고 인상적인 장면이다.

윌이 사랑을 확인하고 싶어하는 것은 당연하다. 그는 스카일라를 찾아가 육체적 사랑을 나눈다. 아마도 윌은 스카일라의 모든 것을 즐겼을 것이다. 그렇기에 친구들과 형제들을 만나게 해달라는 스카일라의 부탁에 한밤중인데도 주저하지 않고 처키에게 전화를 한다. 그것은 이 순간 자신이 해 줄 수 있는 최소한의 호의인 것이다.

윌과 스카일라는 처키와 빌리, 그리고 모건과 함께 바에서 만난다. 이는 스카일라에게도 놀랍고 즐거운 일이지만 윌의 친구

들에게도 매우 즐거운 시간이다. 여기서 스카일라가 윌 친구들의 저질적인 말을 되받아 자신도 그들과 같은 부류가 된다는 것은 매우 의미가 있다.

처키는 몇 번이나 써먹은 삼촌의 음주운전 사건을 재탕하면서 스카일라를 즐겁게 하려고 애쓴다. 물론 처키는 스카일라의 신분을 생각해서 좀 점잖은 우스갯소리를 하려 했을 것이다. 그것이 썰렁하다는 것은 본인도 느낀다. 그들은 밑바닥 인생을 사는 사람으로서의 친구에 대한 끈끈한 우정에 얽혀 있다. 따라서 절친한 친구인 윌의 여자친구를 처음 만나자 나름대로 긴장하고 콤플렉스를 느끼고 있을 것이다. 하지만 스카일라는 한술 더 떠서 매우 외설적이고 추잡한 유머를 늘어놓으면서 윌과 친구들을 기쁘게 한다. 이 점이 중요하다. 그녀를 보고 윌은 어떤 기분을 느낄까?

스카일라는 윌 친구들의 상황을 잘 알고 이해한다. 그것은 윌을 사랑하기 때문일 것이다. 양가에다 최고 학부를 다니는 여대생으로서 그녀는 아무것도 없는 윌을 사랑하고 있다. 그녀도 유산을 받아 공부하고 있는 외로운 여자이기 때문일까? 아닐 것이다. 그녀는 돌아가신 아버지를 몹시 그리워한다. 그녀는 사랑이 뭔지를 알고 있다. 스카일라가 천박한 농담을 아무렇지도 않게 늘어놓고 술을 마시며 어울리는 것은 천재적인 두뇌를 가진 윌에게 진실한 사랑을 눈뜨게 했을 것이다. 하버드생과 막노동꾼 사이에는 아무것도 없는 것이다. 다만 태어난 곳이, 살아온 환경이 다를 뿐이다.

Chapter 8

감성 대 지성

Emotion vs. Intelligence

시간 01:13:36 ~ 01:27:09

INT. TIMMY'S TAP. DAY

Sean is telling a joke to Timmy, the owner of the place, and several other regulars.

SEAN : The stewardess hears this and goes hauling ass down the aisle. And I yell, "Don't forget the coffee!"

Timmy laughs. Marty, one of the regulars pipes up.

MARTY : No shit! You didn't say that!

TIMMY : For Christ's sake, Marty. It's a joke.

SEAN : Yeah, I know someone that actually happened to, Marty.

TIMMY : A joke.

Lambeau enters.

SEAN : Gerry!

LAMBEAU : Hi.

낮. 티미의 술집. 내부
숀이 술집 주인인 티미와 몇몇 다른 단골들에게 농담하고 있다.

숀 : 스튜어디스가 조종실로 뛰어가는 걸 보고 "커피도 주고 오구려!"라고 소리쳤다네.

티미가 웃는다. 손님 중의 하나인 마티가 갑자기 소리 높여 말한다.

마 티 : 농담 마쇼! 그런 말을 할 사람이 아닌 데요.
티 미 : 그야 농담이지, 마티.
숀 : 진짜 그런 사람이 있다니까, 마티.
티 미 : 농담이야.

램보가 들어온다.

숀 : 제리!
램 보 : 잘 있었나.

■ **TAP**
(선) 술집

■ **haul ass**
서두르다, 급히 떠나다

■ **pipe up**
소리를 높여 이야기하다, 느닷없이 지껄이기 시작하다

■ **shit**
거짓말, 쓸모없는 것

SEAN : Have trouble finding the place?

LAMBEAU : No, I took a cab.

SEAN : Timmy, this is Gerry. We went to college together.

TIMMY : How're you doin'? Nice to meet you.

LAMBEAU : Pleased to meet you.

SEAN : Can I get you a beer?

LAMBEAU : Um... No, just a Perrier.

SEAN : (to Timmy) That's French for club soda.

TIMMY : Oh. club soda, yeah.

SEAN : Yeah.

TIMMY : Yeah.

SEAN : Couple of sandwiches, too.

TIMMY : Sure.

Sean heads towards a table.

SEAN : Put it on my tab.

TIMMY : You ever plannin'on payin' your tab?

SEAN : (pulls out lottery ticket) Yeah, chief. I got the winning lottery ticket right here.

TIMMY : What's the jackpot?

SEAN : Twelve million.

TIMMY : I don't think that'll cover it.

SEAN : Yeah, but it'll cover your sex change operation.

Sean and Lambeau sit at a table.

SEAN : Nuts?

LAMBEAU : No, thank you.

숀 : 찾기 힘들었나?
램 보 : 아니, 택시 타고 왔네.
숀 : 티미, 제리야. 대학 동창이지.
티 미 : 안녕하세요? 만나서 반갑습니다.
램 보 : 반가워요.
숀 : 맥주 할래?
램 보 : 페리에나 마시지 뭐.
숀 : (티미에게) 프랑스 말로 탄산수란 뜻이야.
티 미 : 탄산수야 있죠.
숀 : 그래.
티 미 : 그럼.
숀 : 샌드위치도 좀 줘.
티 미 : 물론.

숀은 테이블을 향한다.

숀 : 내 장부에 달아 둬.
티 미 : 언제 다 갚을 건데?
숀 : (복권을 꺼내며) 걱정 마. 여기 당첨이 확실한 복권이 있거든.
티 미 : 상금이 얼만데?
숀 : 1천 2백만.
티 미 : 그걸로도 모자라는데.
숀 : 자네 성전환 수술비는 될 거야.

숀과 램보가 한 테이블에 앉는다.

숀 : 땅콩 먹을래?
램 보 : 아니, 됐어.

■ **club soda**
소다(탄산)수
= soda water

■ **lottery**
복권, 제비 뽑기, 운, 재수

■ **jackpot**
포커에서 계속해서 거는 돈, 뜻밖의 성공, 횡재
= the biggest amount of money to be won in a game of cards or in any competition decided by chance

Put it on my tab.
내 장부에 달아 둬
- tab
〈구어〉 출납의 기록, 기록 장부,(미불의) 계산서, 전표
= a bill, esp. for a meal or drinks
= the whole cost of something
- pick up the tab
셈을 치르다

Zoom In

Put it on my tab.
내 장부에 달아 둬.

There is an awkward moment.

SEAN :	So, you wanted to talk about Will?
LAMBEAU :	Well, it seems to be going well.
SEAN :	I think so.
LAMBEAU :	Have you talked to him at all about his future?
SEAN :	No... We haven't gotten into that yet. We're still bangin' away at the past.
LAMBEAU :	Well, maybe you should. My phone's been ringing off the hook with job offers.
SEAN :	What kind?
LAMBEAU :	Well, cutting-edge mathematics. Think tanks. The kind of place where a mind like Will's is given free rein.
SEAN :	That's... that's great that there are offers, but I... I don't really think he's ready for that.
LAMBEAU :	I'm not sure you understand, Sean.
SEAN :	Well, what don't I understand?
TIMMY :	Here you go guys.

Timmy comes over with a sandwiches and puts them on the table.

SEAN :	Thanks, Tim.
LAMBEAU :	Yeah, thank you.
TIMMY :	Just so, you don't get sticky fingers.
LAMBEAU :	Tim, can you help us? We're trying to settle a bet.
TIMMY :	Uh-oh.
LAMBEAU :	You ever heard of Jonas Salk?
TIMMY :	Sure. Cured polio.
LAMBEAU :	Ever heard of Albert Einstein?

어색한 순간이 흐른다.

숀 : 그래, 윌에 대해 할 말이 있다고?
램 보 : 결과가 좋은 것 같아.
숀 : 동감이야.
램 보 : 미래에 대해 얘기해 봤어?
숀 : 아직 과거도 정리가 안 됐는걸.
램 보 : 빨리 시작해. 사방에서 자리를 주겠다는 연락이 오고 있어.
숀 : 무슨 일인데?
램 보 : 최신 수학을 다루는 두뇌 집단 자리지. 그런 곳에 나가면 윌은 기량을 맘껏 펼칠 거야.
숀 : 그런 제의가 있다니 좋은 일이지만 그 애는 아직 준비가 안 됐어.
램 보 : 자넨 몰라, 숀.
숀 : 뭘 모른다는 거지?
티 미 : 여기 있네.

티미가 다가와 샌드위치를 테이블에 놓는다.

숀 : 고맙네.
램 보 : 고맙소.
티 미 : 이걸로 손도 닦으세요.
램 보 : 티미, 우리 좀 도와주겠소? 지금 내기하던 중인데.
티 미 : 그래요.
램 보 : 조나스 솔크라고 들어본 적 있소?
티 미 : 물론이죠. 척수성 소아마비를 고친 사람이죠.
램 보 : 그럼 알베르트 아인슈타인은?

■ **bang away**
열심히 하다

■ **off the hook**
〈속어〉 (수화기가) 제자리에 안 놓여

■ **cutting-edge**
최첨단의, 선도적인, 전위의
= of the most advanced position, where important action is taken

■ **rein**
고삐, 구속, 제어

■ **polio**
소아마비

I'm not sure you understand.
확실히 자넨 이해를 못하는 군.
I'm sure you don't understand라고 표현하지 않는 데 주의

Zoom In

I'm not sure you understand.
확실히 자넨 이해를 못하는 군.

TIMMY : (smiles) Humph... Hey...

LAMBEAU : (laughs) How about Gerald Lambeau? Ever heard of him?

TIMMY : No.

LAMBEAU : Thank you, Tim.

TIMMY : So who won the bet?

LAMBEAU : I did.

Timmy walks away, laughing.

LAMBEAU : This isn't about me, Sean. I'm... I'm nothing compared to this young man.

TIMMY : (walking to the man at the bar) You ever hear of Gerald Lambeau?

LAMBEAU : In 1905 there were hundreds of professors renowned for their study of the universe. But it was a 26-year-old Swiss patent clerk, doing physics in his spare time, who changed the world. Can you imagine if Einstein would have given that up just to get drunk with his buddies and in Vienna every night? We all would have lost something. Tim would never have heard of him.

SEAN : Pretty dramatic, Gerry.

LAMBEAU : No, it isn't, Sean. This boy has that gift. He just hasn't got the direction, but we can give that to him.

SEAN : Hey, Gerry. In the 1960s there was a young man graduated from University of Michigan. Did some brilliant work in mathematics. Specifically bounded harmonic functions. Then he went on to Berkeley. He was assistant professor showed amazing potential. Then he moved to Montana and he blew the competition away.

티 미 : (웃는다) 이봐요…
램 보 : (웃는다) 제럴드 램보는 어때요? 들어본 적 있소?
티 미 : 아뇨.
램 보 : 고마워요, 티미.
티 미 : 내긴 누구 승리죠?
램 보 : 나요.

티미가 웃으며 물러간다.

램 보 : 문제는 내가 아냐, 숀. 난 그 애에게 비하면 아무것도 아니야.
티 미 : (바에 있는 남자에게) 제럴드 램보란 사람 혹시 알아?
램 보 : 1905년엔 우주를 연구한 수백 명의 교수가 있었지만, 세계를 변화시킨 건 틈틈이 물리학을 공부한 약관 26살의 스위스 특허청 직원이었어. 아인슈타인 이 매일 밤 비엔나에서 친구들이랑 술타령하느라 공부를 안 했다면 어떻게 됐을지 상상할 수 있어? 지금쯤 우리 생활은 달라졌을 거야. 저기 티미도 그의 이름을 몰랐을 거고.
숀 : 과장이 심하군, 제리.
램 보 : 그렇지 않아. 윌한테는 그런 재능이 있어. 우리가 올바른 길로 인도해 줘야 해.
숀 : 이보게, 제리. 1960년대에 미시간 대학을 졸업한 한 청년이 천재적인 수학이론을 폈었지. 특히 조화 함수 이론에 능했어. 그 후 그 청년은 버클리대학의 조교수로서 잠재력을 인정받고, 몬태나주로 가서는 거기서 경쟁자들을 날려버렸지.

■ **patent**
특허권, 특허장, 특허품
= paper from the Patent Office of a government giving someone the right to make or sell a new invention for a certain number of years

■ **bound**
약진하다, 뛰다

■ **harmonic**
〈수학〉 조화의

■ **function**
〈수학〉 함수

I'm nothing compared to this young man.
난 이 젊은이에 비하면 아무것도 아님세.
(compare A to B의 표현에 주의)
• compared to...
…에 비하면, 비교할 때.

Zoom In

I'm nothing compared to this young man.
난 이 젊은이에 비하면 아무것도 아님세.

LAMBEAU : Yeah, so who was he??

SEAN : Ted Kaczynski.

LAMBEAU : Haven't heard of him.

SEAN : Hey, Timmy!

TIMMY : Yo!

SEAN : Who's Ted Kaczynski?

TIMMY : Unabomber.

LAMBEAU : That's exactly what I'm talking about. We gotta give this kid direction.

SEAN : yeah.

LAMBEAU : He can contribute to the world and... and we can help him do that.

SEAN : Direction's one thing. Manipulation's another. All right?

LAMBEAU : Sean!

SEAN : We have to let him find his own...

LAMBEAU : Sean! I'm not sitting at home every night, twisting my mustache and hatching a... hatching a plan to ruin the boy's life! I was doing advanced mathematics when I was... when I was eighteen, and it still took me over twenty years to do something worthy of a Field's medal.

SEAN : Well, maybe he doesn't want what you want. There's more to life than a fuckin' Fields medal.

LAMBEAU : This is too important, Sean. And it's above personal rivalry.

SEAN : Wait a minute, wait a minute, Gerry. Let's talk about the boy. Why don't you give him time to figure out what he wants?

램 보 : 그게 누군데?
숀 : 테드 카진스키야.
램 보 : 못 들어본 친군데.
숀 : 이봐, 티미!
티 미 : 여어!
숀 : 테드 카진스키가 누구지?
티 미 : 폭탄 테러범이잖아.
램 보 : 내 말이 바로 그거야. 그러니까 올바른 방향을 제시해 줘야 해.
숀 : 그래.
램 보 : 이 세상에 도움이 될 수 있는 인물로 말이야.
숀 : 방향의 제시와 조작은 다른 거야.
램 보 : 숀!
숀 : 자신의 미래를 스스로 결정하게 해야…
램 보 : 숀! 나도 매일 밤 어떻게 하면 그 애를 망칠까 머리를 쥐어짜고 있는 게 아니야. 나도 18살 때 고등 수학을 하고 있었고 20년이나 연구해서 수학 수훈상을 탔어.
숀 : 글쎄, 그 애가 원하는 건 다른 것인지도 모르잖아. 세상엔 빌어먹을 수학 수훈상보다 값진 게 많아.
램 보 : 이건 중요한 일이야, 숀. 우리 사이의 경쟁심 따윈 잊어버려.
숀 : 잠깐, 잠깐! 중요한 건 윌이야. 그 애 스스로 원하는 걸 찾도록 시간을 주자고.

■ **unabomber**
폭탄 테러범

■ **manipulation**
교활한 조작, 교묘한 조정
• manipulate
= control or influence for one's own purposes

■ **hatch**
(생각, 계획 따위를) 안출하다, (음모를) 꾸미다

That's exactly what I'm talking about.
내 말이 바로 그 거야.
= That's exactly what I'm saying.

Zoom In

That's exactly what I'm talking about.
내 말이 바로 그 거야.

LAMBEAU : That's a wonderful theory, Sean. It worked wonders for you, didn't it?

SEAN : Yeah, it did. You arrogant fuckin' prick!

LAMBEAU : Oh, I'm sorry. I'm sorry that I came here today. I came here out of courtesy. I wanted to keep you in the loop.

Lambeau gets up.

SEAN : Yeah, well, nice to be in the loop.

LAMBEAU : The boy's in a meeting right now I set up for him... over at McNeil.

INT. TRI-TECH LABORATORIES, OFFICE. DAY

Three well-dressed executives sit around a conference table.

EXECUTIVE 1 : (tentative) Well, Will, uh, I'm not exactly sure what you mean, uh... We've already offered you a position.

Chuckie sits across from the executives, hair combed down, wearing his Sunday best.

CHUCKIE : Nobody in this town works without a retainer, guys. You think you can find somebody who does, you have my blessing. But I think we all know that person's not going to represent you as well as I can.

EXECUTIVE 2 : Will, our offer is 84,000 dollars a year plus benefits.

CHUCKIE : Reeetaaaineer! Retainer.

EXECUTIVE 2 : You want us to give you cash right now?

램 보 : 이론은 그럴싸해, 숀. 자네도 그 덕에 그 꼴이 됐잖나?
숀 : 그래, 이 오만한 머저리야!
램 보 : 미안하군. 오늘 자넬 찾아온 게 잘못이었어. 난, 생각해서 여길 온 걸세. 같은 학자로서 함께 의논하고 싶었는데.

램보가 일어선다.

숀 : 생각해 줘서 고맙군.
램 보 : 윌은 지금 맥닐 회사와 면접 중일 거야.

낮. 트리 텍 연구소, 사무실. 내부
세 사람의 정장을 한 간부들이 회의실 테이블에 앉아 있다.

간부 1 : (자신 없이) 윌, 정확히 무슨 뜻인지 모르겠군요. 우린, 이미 자리를 제의한 걸로 압니다만.

간부들을 마주 보고 앉아 있는 처키는 머리를 곱게 단장하고 정장을 입고 있다.

처 키 : 이 동네에선 선수금 안 받고 일하는 녀석 없수다. 그런 녀석이 있으면 그리 가봐요. 물론 실력에선 나만 한 사람이 없죠.
간부 2 : 우린 이미 연봉 8만 4천과 수당을 제의한 바 있소.
처 키 : 선-수-금-이-요! 선수금.
간부 2 : 당장 현금을 달라는 겁니까?

- **arrogant**
  거만한
- **prick**
  〈속어〉 지겨운(싫은) 녀석
- **loop**
  고리, 올가미, 동그라미
- **in the loop**
  〈구어〉 의사 결정 과정에
  반) out of loop
- **tentative**
  자신없는, 불확실한
  = not certain or fully developed
  = not firm or complete
  = done without confidence
  = hesitant
- **retainer**
  변호의뢰(예약금), 의뢰비
- **benefits**
  급부금, 수당

I came here out of courtesy.
난 생각해서 여길 온 걸세
• courtesy
예의,공손,호의,정중
• out of courtesy
예의에서, 호의로

Zoom In

I came here out of courtesy.
난 생각해서 여길 온 걸세.

CHUCKIE : Whoa-ho-ho. Easy. Now I didn't say that. Allegedly, your situation, for you would be concurrently improved if I had 200 dollars in my back pocket right now.

The executives exchange looks and go for their wallets.

EXECUTIVE 1 : (clears throat) Hmm... Well, I don't think I can uh... uh... Larry?

EXECUTIVE 2 : I've got uh... seventy-three dollars.

EXECUTIVE 1 : Will you uh... take a check?

Chuckie stands up.

CHUCKIE : Let me tell you something. You're suspect. Yeah, you. I don't know what your reputation is, in this town, but after the shit you tried to pull today, you can bet I'll be lookin' into you.

Chuckie takes the money from the table.

CHUCKIE : Now, any business we have heretofore, you can speak with my aforementioned attorney. Good day gentlemen, and until that day comes, keep your ear to the grindstone.

EXT. AU BON PAIN COURTYARD, HARVARD SQUARE. DAY

Will and Skylar sit in the open courtyard of this Harvard Square eatery. Skylar is working on another organic chemistry lab. Will sits across from her, slightly bored watching her work.

WILL : How's it goin'?

SKYLAR : Fine.

처 키 : 호, 호, 호. 그런 말 한 적 없수다. 물론 현재 상황이 좀 부드러워지려면 내 뒷 호주머니에 현금 2백이 있으면 훨씬 좋겠지만.

간부들이 시선을 교환하고 지갑을 꺼내려 한다.

간부 1 : (헛기침하며) 저, 지금 당장 난… 래리?
간부 2 : 제겐 73달러가 있어요.
간부 1 : 수표도 되겠소?

처키가 일어선다.

처 키 : 이제부터 댁은 요주의 인물이야. 그래, 당신! 여기서 어떤 명성을 갖고 있는진 모르지만, 댁이 어떤 녀석인지 반드시 알아보겠어.

처키가 테이블 위의 돈을 집는다.

처 키 : 오늘의 거래에 대해선 차후 내 변호사에게 말하시오. 좋은 하루 되시고, 행복한 날이 올 때까지 열심히들 일하시고요!

오 본 페인 안뜰, 하버드 광장. 낮
윌과 스카일라가 하버드 광장 간이식당의 야외 안뜰에 앉아 있다. 스카일라가 또 하나의 유기화학 실험에 관해 공부하고 있다. 윌은 그녀가 공부하는 것을 지켜보면서 앞에 앉아 있는데 약간 지겨운 눈치다.

윌 : 잘 돼가?
스카일라 : 응.

- **allegedly**
(진위는 알 수 없지만) 주장하는 바에 따르면, 전하는 바에 의하면

- **concurrently**
동시에, 공동으로
  • concurrent
  = existing or happening at the same time

- **Will you take a check?**
수표를 받습니까?, 상점에서도 흔히 사용하는 표현
= Can I use a check?

- **pull**
〈구어〉 (계획, 시기등을) 저지르다, 행하다

- **heretofore**
〈문어〉 지금까지, 여태까지

- **aforementioned**
전술한, 앞서 말한

- **eatery**
〈구어〉 간이식당
= a restaurant or other place to eat

Keep your ear to the grindstone.
열심히 일하게, 힘써 일하게. (공부하게)
= Keep(put, hold, have) your nose to grindstone.
• grindstone
회전숫돌, 맷돌

Zoom In

Keep your ear to the grindstone.
열심히 일하게, 힘써 일(공부)하게.

WILL : Yeah? Good. You want some help?

SKYLAR : No.

WILL : C'mon, give me one little peek and we'll go to the battin' cages.

SKYLAR : Noooo. It's actually important that I learn this. It's really important...

WILL : All right.

SKYLAR : To me. Okay?

WILL : All right. Hell. Why don't we just hang out here all day?

SKYLAR : Yes, why don't we? All right. Mr. Nosey Parker.

Will chuckles.

SKYLAR : Seeing as you're intent on breaking my balls. Let me ask you a question.

WILL : All right.

SKYLAR : Do you have a photographic memory?

WILL : I don't know. I just kind of remember, you know, I mean how do you remember your phone number? You know, you just do.

SKYLAR : Well, have you ever studied organic chemistry?

WILL : A little bit.

SKYLAR : Oh, just for fun?

WILL : Yeah, for kicks.

SKYLAR : Yeah, it's so much fun studying organic chemistry. Are you mad?

Will laughs.

월 : 그래? 다행이군. 좀 도와줄까?
스카일라 : 아니!
월 : 살짝만 보고 놀러 가자.
스카일라 : 싫어. 이건 꼭 내가 배워야 하는 거라고. 중요한 과목이야.
월 : 알았어.
스카일라 : 나한텐 중요하다고.
월 : 알았어. 그냥 여기서 종일 놀까?
스카일라 : 그래, 좋지. 알았어. 이 참견쟁이 아저씨야.

월이 낄낄 웃는다.

스카일라 : 어차피 날 방해하려고 작정한 모양인데. 한 가지 물어보자.
월 : 좋아.
스카일라 : 사진 같은 기억력을 가진 거야?
월 : 모르겠어. 보통 뭔가를 기억하는 것과 같아. 전화번호 같은 걸 외우는 것 같이 말이야.
스카일라 : 유기화학 공부해 본 적 있어?
월 : 조금.
스카일라 : 그냥 재미로?
월 : 그래, 재미로.
스카일라 : 그래, 재미도 있겠다. 너 미쳤니?

월이 웃는다.

■ **Nosey Parker**
〈구어〉 잠견 잘하는 사람, 잔소리꾼, 야유꾼

■ **break one's balls**
〈비어〉 굉장히 애쓰다, 남을 아주 곤란하게 만들다

■ **kick**
〈속어〉 강하지만 일시적 흥미, 관심 〈구어〉 즐겁거나 흥분시키는 경험

Have you ever studied organic chemistry?
유기화학 공부해본 적 있어?
Haver+p.p의 형태로 현재완료 경험의 문장. 과거로부터 현재까지의 경험이 중요.
• Have you ever seen the movies?

Zoom In

Have you ever studied organic chemistry?
유기화학 공부해본 적 있어?

SKYLAR : Have you completely lost your mind? Nobody studies it for "fun." It's not a ne... necessity, especially for someone like you.

WILL : Someone like me?

SKYLAR : Yeah. Someone who divides their time, fairly evenly, between batting cages and bars. I would hardly say it was a necessity.

WILL : Oh.

SKYLAR : You know, there are very smart people here at Harvard. And even they have to study because this is really hard. And yet, you do it so easily. I don't understand. I… I don't understand how your mind works.

WILL : Do you play the piano?

SKYLAR : I wanna talk about this.

WILL : No, I'm trying to explain it to you. Do you play the piano?

SKYLAR : Yeah, a bit.

WILL : All right, so when you… when you look at a piano you, you see Mozart.

SKYLAR : I see "Chopsticks."

WILL : All right, well, Beethoven, okay? He looked at a piano and it just made sense to him. He could just play.

SKYLAR : So, what're you saying? You play the piano?

WILL : No. Not a lick. I mean, I look at a piano and I see a bunch of keys, three pedals and a box of wood. But Beethoven, Mozart, they saw it, they could just play. I couldn't paint you a picture, I probably can't hit the ball out of Fenway, and I can't play the piano.

스카일라 : 너 완전히 돈 거 아니야? 공부를 재미로 하는 사람은 없어. 게다가 너 같은 부류엔 필요도 없고.

윌 : 나 같은 부류?

스카일라 : 그래. 매일 술집하고 야구연습장에서 시간 때우잖아. 꼭 필요해서라곤 할 수 없지.

윌 : 그래.

스카일라 : 하버드대학엔 똑똑한 학생들이 많지만, 그 사람들도 어려운 과목이라 공부를 해야 한다고. 그런데 넌 너무 쉽게 해. 이해를 못하겠어.

윌 : 피아노 칠 줄 알아?

스카일라 : 화제 돌리지 마.

윌 : 아냐. 설명하려는 거야. 피아노 칠 줄 알아?

스카일라 : 조금.

윌 : 좋아. 피아노를 보면 모차르트가 생각나지?

스카일라 : 아니, '젓가락 행진곡'.

윌 : 좋아. 베토벤이 생각난다고 치자. 베토벤은 피아노를 보면 치고 싶다는 충동을 느낄 거야.

스카일라 : 무슨 말 하는 거야? 자긴 피아노 칠 줄 알아?

윌 : 아니. 내 말은 내 눈에 피아노는 그저 키와 페달과 나무 상자로만 보여. 하지만 모차르트나 베토벤 눈에는 음악이 보였을 거야. 난 그림도 못 그리고 프로 야구 선수도 못 돼. 피아노도 못 치고 말이야.

■ **evenly**
규칙적으로 단조로운

■ **batting**
〈야구〉 타격, 타구 배팅

■ **cage**
〈야구〉 (타격연습용) 이동식 백스톱

■ **I'm trying to explain it to you.**
너한테 설명을 하려는 거야, explain A to B 구문에 주의

■ **Will you explain the rule to me?**
그 규칙을 내게 설명해 줄래?

■ **lick**
소량, 한번 핥음, 한 번 칠 하는 량

Have you completely lost your mind?
너 완전히 돈 거 아냐? 완전히 돌았구나?
• lose one's mind
미치다, 제정신이 아니다
= be out of one's mind

Zoom In

Have you completely lost your mind?

너 완전히 돈 거 아냐?

SKYLAR : But you can do my O-chem paper in under an hour.

WILL : Right. Well, I mean, when it came to stuff like that, I could always just play. That's the best I can explain it.

SKYLAR : Come here. I have to tell you something.

WILL : Huh?

SKYLAR : I have to tell you something.

WILL : Oh.

SKYLAR : Well.

Skylar is awestricken with admiration for Will. So much so that Skylar has to kiss him.

SKYLAR : It's not fair.

WILL : What's not fair? What?

SKYLAR : I've been here for four years, and I've only just found you.

WILL : Well, you found me.

EXT. HARVARD SQUARE. DAY

A panoramic view of Harvard square is seen under.

INT. SKYLAR'S ROOM. NIGHT

Will and Skylar lie in bed.

SKYLAR : Are you wake?

WILL : No.

SKYLAR : Yes, you are. Well, come to California with me.

WILL : What?

SKYLAR : I want you to come to California with me.

WILL : Are you sure about that?

SKYLAR : Oh, yeah.

스카일라 : 하지만 넌 유기화학 숙제하는 데 한 시간도 안 걸렸잖아.
윌 : 그런 거라면 생각 없이도 할 수 있어. 굳이 설명하자면 그래.
스카일라 : 이리 와봐. 할 말이 있어.
윌 : 뭐?
스카일라 : 할 말이 있다니까.
윌 : 그래.
스카일라 : 뭐냐면.

스카일라는 윌에 대한 감탄으로 위압 당한다. 그래서 그에게 키스를 해야 한다.

스카일라 : 억울해.
윌 : 뭐가 억울하다는 거야? 뭐가?
스카일라 : 여기 온 지 4년이나 됐는데 이제야 널 찾아내다니.
윌 : 지금이라도 찾았으면 된 거야.

외부. 하버드 광장. 낮
광장의 전경이 아래로 보인다.

내부. 스카일라의 방. 밤
스카일라와 윌이 침대에 누워 있다.

스카일라 : 깼어?
윌 : 아니.
스카일라 : 깨어 있는 거 다 알아. 윌, 나랑 캘리포니아에 가자.
윌 : 뭐?
스카일라 : 나랑 캘리포니아에 가자고.
윌 : 확실한 거야?
스카일라 : 그럼.

■ **O-chem**
〈속어〉 유기화학
= organic chemistry

■ **when it comes to**
~에 관해서 라면

■ **awestricken**
위엄에 눌린, 위압 당한, 두려운 생각이론
= filled with, made silent by, or showing awe

It's not fair.
공평치 못해, 억울해
• Fair enough!
됐어!

Zoom In

It's not fair.

공평치 못해.

WILL : Yeah, but how do you know?

SKYLAR : I don't know. I just know.

WILL : Yeah, but how do you know?

SKYLAR : I know because I feel it.

WILL : 'Cause that's a really serious thing you're sayin'.

SKYLAR : I... I know.

WILL : (getting upset) You could be in California next week and you know, you might find out somethin' about me you don't like. And you know, maybe, you wish you hadn't said that. Butyou know, it's such a serious thing that you can't take it back. Now I'm stuck in California with someone who doesn't really wanna be with me who just wishes they had a takeback.

SKYLAR : A what? What's a takeback? I don't want a takeback. I just want you to come to California with me.

WILL : Well, I can't go out to California, so...

SKYLAR : Why not?

WILL : Well, one, because I... I got a job here and two, because I like here.

SKYLAR : Look, um... if you don't love me, you should just tell me because it's such a...

WILL : I'm not sayin' I don't love you.

SKYLAR : Then why? Why won't you come? What are you so scared of?

WILL : What am I so scared of?

SKYLAR : Well, What aren't you scared of? You live in this safe little world where no one challenges you and you're scared shitless to do anything else...

윌 : 어떻게 확신할 수 있지?
스카일라 : 몰라. 그냥 알아.
윌 : 그러게, 어떻게 아느냐니까?
스카일라 : 왜냐하면 느낄 수 있거든.
윌 : 이건 굉장히 중대한 결정이야.
스카일라 : 나도 알아.
윌 : (불편해지며) 캘리포니아에 갔다가 내게서 네가 싫어하는 점이 있다는 걸 알면 같이 가자고 했던 말 후회하게 될지도 몰라. 하지만 그때쯤엔 우리 관계도 깊어져서 철회하지 못하고 그러고 싶은 마음 억누르며 마지못해 같이 살게 돼. 나는 캘리포니아에서 나와 함께 있고 싶어하지않고 과거로 돌아가고 싶어하는 사람과 코 꿰어 있겠지.
스카일라 : 뭐? 취소라니? 누가 그러고 싶대? 난 그저 캘리포니아로 같이 가자는 것뿐이야.
윌 : 난 못 가. 그러니까…
스카일라 : 왜 못 가?
윌 : 첫째, 난 여기 직업이 있고, 둘째, 내가 사는 곳이 여기니까.
스카일라 : 이봐, 날 사랑하지 않는다면 그렇다고 말해. 괜히…
윌 : 사랑하지 않는다고 안 했어.
스카일라 : 그럼 왜 못 가는 거야? 뭐가 그렇게 두려워?
윌 : 뭐가 두렵냐구?
스카일라 : 두려워하지 않는 게 있기나 해? 아무도 도전하지 않는 안전한 세상에 살면서 자신이 변하게 될까 봐 아무것도 못 하잖아!

■ **take back**
철회하다, 되돌아가다, 도로 찾다
= admit that one was wrong in (what one said)

■ **be stuck in**
~에서 옴쭉 못하다, ~에 빠져 있어
= be fixed in position
= be impossible to move
= be unable to go further or do anything further because of difficulties

■ **scared shitless**
몹시 놀라서

What are you so scared of?
뭐가 그렇게 두려워?
= What are you so afraid of?

Zoom In

What are you so scared of?

뭐가 그렇게 두려워?

WILL : Oh no. Don't, don't, don't tell me about my world. Don't tell me about my world! I mean you just want to have your little fling with the guy from the other side of town. Then you're going to go off to Stanford, you're gonna marry some rich prick who your parents will approve of, and just sit around with the other trust fund babies and talk about how you went slumming too, once.

SKYLAR : Why are you saying this? What is your obsession with this money? My father died when I was 13 and I inherited this money. You don't think every day I wake up and I wish that I could give it back. That I'd give it back in a second if it meant I could have one more day with him. But I can't and that's my life. And I deal with it. So don't put your shit on me, when you're the one that's afraid.

WILL : I'm afraid? Wha... What am I afraid of, huh?! What the fuck am I afraid of?

SKYLAR : You're afraid of me. You're afraid that I won't love you back. And you know what? I'm afraid, too. But fuck it. I want to give it a shot and at least I'm honest with you.

WILL : I'm not honest with you?

SKYLAR : No. What about your twelve brothers?

WILL : All right.

Will start to put on his pants.

SKYLAR : No. You're not going. You're not leaving.

윌 : 제발, 내 세계에 대해 말하지 마. 내 세계에 대해 뭘 안다고 그래? 어차피 난 네게 출신이 천한 장난감뿐일 텐데. 결국엔 스탠퍼드로 가서는, 부모님이 좋아하는 부자 놈과 결혼해서 부모 잘 만난 친구들에게 재미 삼아 내 얘길 할 거야.

스카일라 : 왜 그런 말을 하지? 왜 돈에 그리 집착하는 거야? 내가 13살 때 아버지가 돌아가셔서 유산을 상속받았어. 매일 아침 눈을 뜰 때마다 가능하다면 그 돈을 돌려주고 싶었어. 당장에라도 말이야. 아버지와 하루라도 더 함께 있을 수 있다면 말이야. 하지만 그건 불가능해! 어쨌든 그게 내 운명이고 감내하고 있어. 두려워하는 건 자기면서 괜히 내게 퍼붓지 마!

윌 : 두려워 한다고? 대체 내가 뭘 두려워한다는 거야?

스카일라 : 날 두려워하잖아. 내가 사랑해주지 않을까 봐서. 알아? 나도 두려워. 하지만 노력은 해보고 싶어. 적어도 자기한텐 정직하고 싶다고!

윌 : 그럼 난 정직하지 못 하단 거야?

스카일라 : 그렇지. 형제가 열둘 이라는 거 정말이야?

윌 : 좋아.

윌이 옷을 입기 시작한다.

스카일라 : 어딜 가는 거야? 가지 마.

- **have a fling with**
  ~와 바람 피우다
  - fling
    일시적인 외도, 방종
- **trust fund baby**
  부잣집에서 태어난 사람
  = a person born wealthy because of money from parents or other relatives, trust fund
- **go slumming**
  (호기심에서) 빈민가를 구경하다
- **obsession**
  강박관념
  = a fixed and often unreasonable idea with which the mind is continually concerned

I want to give it a shot.
한번 해 보고 싶어, 시도하고 싶어.
= I want to give it a try.

Zoom In

I want to give it a shot.

한번 해 보고 싶어.

WILL : What do you want to know? What? That I don't have twelve brothers?

SKYLAR : Yes.

WILL : That I'm a fuckin' orphan?

SKYLAR : Yeah.

WILL : No. You don't wanna hear that!

SKYLAR : I didn't know that.

WILL : No. You don't wanna hear that!

SKYLAR : I didn't know that.

WILL : You don't want to hear that I got fuckin' cigarettes put out on me when I was a little kid.

SKYLAR : Oh... I didn't know that.

WILL : That this isn't fuckin' surgery, that the motherfucker stabbed me. You don't wanna hear that shit, Skylar!

Will reveals a scar on his torso.

SKYLAR : I do wanna hear it.

WILL : Don't tell me you wanna hear that shit!

SKYLAR : I wanna hear it because I want to help you. Because I wanna...

WILL : Help me? What the fuck? What do I got, a fuckin' sign on my back that says "Save me?"

SKYLAR : No.

WILL : Do I look like I need that?

SKYLAR : No, God. I just want to be with you because I love you!

Will, full of self-loathing, raises his hand strike her.

윌 : 알고 싶은 게 뭐야? 형제가 없다는 거?
스카일라 : 그래.
윌 : 내가 빌어먹을 고아라는 거?
스카일라 : 그래.
윌 : 객기 부리지 마!
스카일라 : 그건 몰랐어.
윌 : 까놓고 얘기할까?
스카일라 : 그건 몰랐다고.
윌 : 어렸을 때 양부가 담뱃불로 피부를 지졌어.
스카일라 : 정말 몰랐어.
윌 : 이건 뭔 줄 알아? 수술 자국이 아니라 놈이 칼로 찌른 상처야! 정말 이따위 것들을 알고 싶어, 스카일라?

윌이 자기 몸의 흉터를 내보인다.

스카일라 : 정말 다 듣고 싶어.
윌 : 나에 대해 알고 싶단 말 하지 마!
스카일라 : 듣고 싶어, 돕고 싶어서 그래. 돕고 싶어서…
윌 : 돕는다고? 뭘? 내가 언제 도와달라고 한 적 있어?
스카일라 : 아니.
윌 : 내가 불쌍해 보여?
스카일라 : 아니. 널 사랑하니까 함께 있고 싶을 뿐이야!

윌은 자기혐오로 가득 차 스카일라를 치려고 손을 든다.

■ **put out**
끄다
= extinguish

■ **stab**
찌르다, 찔러 죽이다
= strike forcefully with the point of something sharp, esp. knife, rather than with its edge

■ **scar**
흉터, 상처
= a mark remaining on the skin or an organ from a wound, cut

■ **torso**
(인체의)몸통, (동체)

■ **self-loathing**
자기 혐오

I do wanna hear it.
정말 다 듣고 싶어.
= I really want to hear it.

Zoom In

I do wanna hear it.
정말 다 듣고 싶어.

WILL : Don't bullshit me! Don't bullshit me! Don't you fuckin' bullshit me!

SKYLAR : (standing up to him, sobs) I love you. I wanna hear you say that you don't love me. Because If you say that, then I won't call you and I won't be in your life. (sobbing, kisses his forehead)

A beat. Will looks Skylar dead in the eye.

WILL : I don't love you.

He walks out. Skylar sobs.

EXT. SKYLAR'S DORM. NIGHT
Will comes out pulling on his clothes. Two girl students see him and giggle.

윌 : 헛소리 집어치워! 헛소리 집어치우라구!

스카일라 : (그에게 다가서서 흐느끼며) 널 사랑해. 날 사랑하지 않으면 그렇다고 말해 줘. 그러면 다시는 전화도 안 하고 영원히 사라져 줄게. (흐느끼면서 그의 이마에 키스한다)

잠시. 윌은 스카일라의 눈을 뚫어지게 쳐다본다.

윌 : 난, 널 사랑하지 않아.

윌은 걸어나가고 스카일라는 흐느낀다.

밤. 스카일라의 기숙사. 외부
윌이 급히 옷을 입으며 나온다. 두 여학생이 그를 보고 킬킬거린다.

■ **Don't bullshit me!**
거짓말 하지마! 실없는 소리 하지 마! 헛소리 집어쳐!
• bullshit
거짓말, 헛소리하다, 실없는 소리 하다

■ **pull on**
(옷)을 급히 입다

Movie Talk 08

난 널 사랑하니까 너와 함께 있고 싶을 뿐이야!

이제 변화는 윌에게서 뿐만 아니라 어두운 그늘에서 살아온 숀에게서도 일어난다. 그는 자신도 모르는 사이에 램보 교수를 만나는 술집에서 윌이 사용했던 농담을 자기가 경험한 것처럼 떠벌거린다. 물론 술집 손님들이 믿을 리가 없는 농담이지만 말이다. 이것은 숀에게 있어서도 놀라운 변화이다. 그들은 이미 하나가 되기 시작한 것이다.

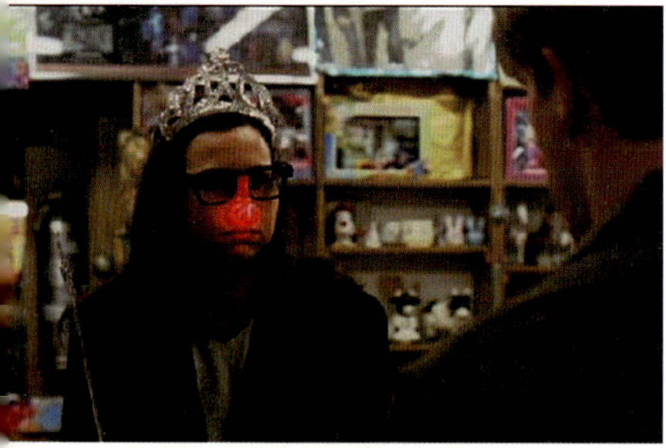

그렇다면 램보와 숀의 껄끄러운 관계는 어떤 것일까? 이 문제를 풀기 위해 윌의 문제를 놓고 둘이 대립을 벌이는 플롯은 타당성이 있다. 즉 윌의 앞날을 걱정하는 램보 교수와 숀의 처리 방법에는 큰 격차가 있다. 이것은 학창시절에 대등하게 똑똑했던 램보와 숀이 각기 다른 인생행로를 걸어온 사실을 통해 유추할 수 있다.

램보 교수는 하루빨리 윌을 훌륭한 자리에 취직시켜 그 자신의 능력을 발휘하기를 원한다. 이에 반해 숀은 윌 스스로 자신의 미래를 결정하기를 원한다. 실제로 램보는 18살 때부터 수학공부를 해서 20년 이상 꾸준히 연구함으로써 수학 수훈상을 탄 자다. 하지만 숀에게는 수학 수훈상이란 것이 별 의미가 없다. 그는 명예보다는 자신이 원하는 것을 하는 것에 더 의미를 둔다. 즉 램보는 실질적이고 외형적으로 윌을 돕는 자이고 숀은 정신적으로 내면적으로 윌을 돕는 자이다. 윌에게 누가 더 훌륭한 스승일까?

문제는 윌이다. 그는 지금 램보 교수의 이상을 초월해 있다. 그는 램보교수가 마련해 준 중요한 일자리의 인터뷰 자리에 자신이 직접 가지 않고 대리인인 처키를 보낸다. 물론 처키는 가장 친한 친구이기는 하지만 그런 장소에 전혀 어울리지 않는 사람이다. 어떤 의미에서 이는 램보 교수에 대한 모욕이다.

그 사이에 윌은 스카일라와 데이트를 즐긴다. 하지만 이번에는 그들 대화가 좀 더 진전되어 있다. 스카일라는 윌의 천재성을 더 이해하려고 애쓰며 윌은 자신의 사진 같은 기억력에 대해 자세히 설명하면서 실은 스카일라가 지닌 장점에는 미치지 못한 점이 많다고 말한다. 이것은 스카일라에게 정직하게 다가간다는 의미도 있겠지만 스카일라가 자신에 대해 너무 기대를 거는 것에 대한 두려움일 수도

있다. 다시 말해서 자신은 스카일라가 과거의 자기 부모나 양부모처럼 자신을 버리는 것이 아닌가 하는 피해의식에 불안해하는 것이다. 결국, 그런 잠재적 우려는 표출된다.

스카일라가 의과대학 공부를 위해 자기와 같이 캘리포니아로 가자고 제안했을 때 윌은 두려움에 거절하면서 스카일라와 결별을 선언하기에 이른다. 이는 윌로서는 당연한 조치일 것이다. 아무것도 없는 그로서는 현재의 그나마 안정된 위치를 떠나기 싫어하며 현재 자신이 누리고 있는 친구 관계나 스카일라와의 관계가 붕괴될까봐 두려워할 수밖에 없다. 윌은 고아로서 이 집 저 집을 전전하면서 양부로부터 입은 몸의 흉터를 내보이면

서 스카일라에게 자신의 마지막 보루였던 삶의 치부를 다 드러내 보인다. 이제 스카일라 앞에서 아무것도 걸치지 않은 자신을 내보일 수 있게 된 것이다. 이것은 인간관계에서 매우 중요한 결단이며 매우 중요한 발전적 요소다. 하지만 스카일라가 지닌 사랑은 이미 그런 월의 외적 조건들을 초월해 있다.

그녀는 윌의 결점이나 상처까지 사랑하기 때문에 그와 함께 있고 싶어하며 그래서 같이 캘리포니아로 가자고 제안한 것이다. 스스로 자신을 다 내보인 자신이 부끄럽기도 하고 또 그녀의 진정한 반응이 두려워 격한 감정에 휩싸인 윌은 스카일라를 사랑하지 않는다고 내뱉는다.

Chapter 9

진정한 천재, 태어나다

A Real Genius Is Born

시간 01:27:10 ~ 01:43:45

INT. LAMBEAU'S OFFICE. DAY

Tom and Will are sitting waiting for Lambeau.

TOM :	Most people never get to see how brilliant they can be. They don't find teachers that believe in them. They get convinced they're stupid. I hope you appreciate what he's doing. Because I've seen how much he enjoys working with you. Not against you.

Lambeau enters.

LAMBEAU :	Hello, Will. Tom, can you get us some coffee?
TOM :	Sure.

Lambeau picks up a proof Will has completed, and goes over it.

LAMBEAU :	Now, let's see... (clears throat) Good... This is correct. I see you used Maclaurin here.
WILL :	Yeah, I don't know what you call it, but...

내부. 램보의 사무실. 낮
톰과 윌이 램보를 기다리며 앉아 있다.

톰 : 대개 사람들은 자기가 얼마나 천재적인지 모르고 지나쳐. 믿어주는 스승을 못 만났기 때문이야. 결국, 자신이 멍하다고 믿게 되지. 넌 교수님의 노력에 감사해야 해. 너와 함께 일하는 걸 너무 즐거워하셔. 널 해치려는 게 아냐.

램보가 들어온다.

램 보 : 여, 왔구나. 톰, 커피 좀 주겠어?
톰 : 그러죠.

램보는 윌이 완성한 증명을 집어 검토한다.

램 보 : 어디 보자. (헛기침한다) 좋아. 맞았어. 매클로린 공식을 썼군.
윌 : 공식 이름은 몰라요.

■ **get convinced**
확신하다, 수긍하다, 납득하다
= be completely certain about something, get persuaded

■ **proof**
〈수학,논리〉 논증, 증명, 검토, 검산

■ **go over**
~을 세밀히 조사하다, 점검하다

LAMBEAU : This can't be right. (examining proof) This would be very embarrassing. Did you ever consider...

WILL : I'm pretty sure it's right. Hey, look. Can we do this at Sean's office from now on? 'Cause I... I gotta knock off work to come here and the commute is killin' me.

LAMBEAU : Yeah, sure. But did you think of possibility...

WILL : That's right. It's right. Just take it home with you.

Will gets up to leave.

LAMBEAU : What happened at the McNeil meeting?

WILL : I couldn't go. I had a date. So uh... so I sent my chief negotiator.

LAMBEAU : On your own time, you can do whatever you like, Will. But when I set up a meeting with my associates, and you don't show up it reflects poorly on me.

WILL : All right. Well, then don't set up any more meetings.

LAMBEAU : Well, I won't. I'll cancel them. I'll give you a job myself. I... I just wanted you to see what was out there.

WILL : Look. Maybe I don't want to spend the rest of my fuckin' life sittin' around explaining shit to people.

LAMBEAU : I think you could show me some appreciation.

WILL : A little appreciation? (indicates proof) Do you know how easy this is for me? Do you have any fuckin' idea how easy this is? This is a fuckin' joke! And I'm sorry you can't do this. I really am. 'Cause I wouldn't have to fuckin' sit here and watch you fumble around and fuck it up.

램 보 : 세상에 이럴 수가! (증명을 검토하면서) 학자로서 정말 민망하구나. 혹시 이거…

윌 : 정답인 건 확실해요. 다음부턴 숀의 사무실에서 공부하면 안 돼요? 사실 여기 오려면 일하다 말고 왔다 갔다 하기가 번거롭거든요.

램 보 : 그러렴. 헌데 혹시 다른 공식을 대비한다면…

윌 : 정답이라니까요. 집에 가서 더 연구해 보세요.

윌이 가려고 일어선다.

램 보 : 맥닐 사 면접 때는 어떻게 된 거니?

윌 : 못 갔어요. 데이트가 있어서. 그래서 제 매니저를 보냈죠.

램 보 : 네 시간에 뭘 하든지 상관 않겠다. 하지만 내가 주선하는 자리에 나타나지 않으면 내 신용이 영향을 받게 돼.

윌 : 그러니까 앞으로는 주선하지 마세요.

램 보 : 그럴 거다. 모두 취소할 거야. 여기 일을 줄 수도 있지만 널 세상에 눈뜨게 하고 싶었을 뿐이야.

윌 : 평생 여기 앉아 해답이나 설명하며 살긴 나도 싫어요.

램 보 : 조금은 감사해야 하는 거 아니냐?

윌 : 감사요? (증명을 가리키며) 내게 이런 건 너무 쉬워서 장난 같다고요. 그걸 교수님이 못 풀다니 정말 안됐군요. 정답을 줘도 헛소리만 해대는 교수님 보는 것도 지겨워요!

- **knock off**
  일을 그만 두다, 일을 재빨리 끝내다
  = stop doing something, esp. work
  - knock it off
    조용히 해, 그만둬.
    = stop being annoying

- **commute**
  통근, 통학, 통근거리

- **negotiator**
  협상자, 교섭자

- **reflect on**
  (행위등에 나쁜) 영향을 미치다, 신용을 떨어뜨리다, 체면을 손상시키다

- **fumble around**
  여기저기 찾다, 뒤척거리다, 서투르게 다루다, 만지작 거리다
  = move the fingers or hands awkwardly in search of something

You can do whatever you like.
원하는 거 뭐든지 할 수 있어.
= You can do anything you want.

Zoom In

You can do whatever you like.

원하는 거 뭐든지 할 수 있어.

LAMBEAU : Then you'd have more time to sit around and get drunk instead, wouldn't you?

WILL : You're right. This is probably a total waste of my time.

Will turns around lights the proof on fire. Will drops it on the floor. Lambeau quickly drops to his knees and puts it out.

LAMBEAU : You're right, Will. I can't do this proof, but you can. And when it comes to that it's only about... it's just a handful of people in the world that can tell the difference between you and me. But I'm one of them.

WILL : Sorry.

LAMBEAU : Yeah, so am I. Most days I wish I never met you. Because then I could sleep at night. And I didn't have to walk around with the knowledge that there's someone like you out there...

Will walks out. The door closes.

LAMBEAU : And I didn't have to watch you throw it all away.

EXT. CHUCKIE'S HOUSE. DAY

Barking of a dog is heard.

INT. CHUCKIE'S HOUSE. DAY

Chuckie, Billy, and Will sit in the Sullivan kitchen. Billy plays the piano for fun. Will drinks a beer, distractedly. The faint music track and soft moans of a porno movie emanate from a back room. After a beat, Chuckie looks up.

CHUCKIE : Bill, hold it. Did you hear that? Morgan! If you're watchin' pornos in my mom's room again I'm gonna give you a fuckin' beatin'!

램 보 : 차라리 친구들이랑 고주망태가 되는 게 좋지?

윌 : 맞아요. 정말 시간만 낭비했군요.

윌이 돌아서서 증명에 불을 붙이고 나서 그것을 바닥에 떨어뜨린다. 램보는 재빨리 무릎을 꿇고 불을 끈다.

램 보 : 네 말이 맞아. 난 이걸 증명할 수 없어. 넌 할 수 있고. 솔직히 말하면 너와 나의 차이를 눈치를 챌 수 있는 사람은 세상에 몇 안 된다. 나도 그중의 하나고.

윌 : 유감이군요.

램 보 : 그래, 동감이야. 널 차라리 만나지 않았더라면 할 때도 있어. 그럼 밤에 잠 못 이루지도, 세상에 너 같은 인재들이 많을 거란 생각도 안 했겠지.

윌은 걸어나가고 문이 닫힌다.

램 보 : 그리고 재능을 헛되이 쓰는 걸 보지 않아도 되고 말이야.

낮. 처키의 집. 외부
개 짖는 소리가 들린다.

낮. 처키의 집. 내부
처키와 빌리, 그리고 윌이 설리번 식 부엌에 앉아 있다. 빌리는 장난삼아 피아노를 친다. 윌은 마음이 복잡하여 맥주를 마신다. 뒷방에서 희미한 사운드 트랙과 포르노 영화의 부드러운 신음소리가 흘러나온다. 잠시 후 처키가 고개를 든다.

처 키 : 빌, 조용히 해 봐. 저 소리 들려? 모건! 엄마 방에서 또 포르노 영화 보면 죽을 줄 알아!

■ **drop to one's knees**
무릎을 꿇다
= drop the knees
= go down on one's knees

■ **So am I.**
나도 그래, 나도 유감이야.
= I'm sorry, too.

■ **distractedly**
마음이 산란해서

■ **emanate**
퍼지다, 소리가 나다

Did you hear that?
저 소리 들었어?
• A: Do you hear me?
내 말 들려?
B: I can't hear you.
잘 안들려.

Zoom In

Did you hear that?
저 소리 들었어?

Footstep running downstairs is heard. Morgan appears.

MORGAN : (panting) What's up, fellas?

CHUCKIE : Morgan, why don't you jerk off in your own fuckin' house. That's fuckin' filthy.

MORGAN : Well, I don't have a VCR in my house.

CHUCKIE : Com' on... not in my glove.

MORGAN : I didn't use the glove.

CHUCKIE : That's my little league glove.

MORGAN : Then what do you want me to do?

CHUCKIE : I mean, what's wrong with you? You'll hump a baseball glove?

MORGAN : I... I just used it for the... for cleanup.

CHUCKIE : Stop jerking off in my mother's room! Please!

MORGAN : Is there another VCR in the house?

CHUCKIE : It's just sad, bro.

EXT. NATIONAL SECURITY AGENCY BUILDING. DAY

INT. NATIONAL SECURITY AGENCY. OFFICE. DAY

Will sits across from two N.S.A. agents, Oliver Dytress and Robert Tavano. These guys are smug, clean cut, gung-ho and looking sharp in twin navy blue suits.

WILL : So why do you think I should work for the National Security Agency?

DYTRESS : Well, you'd be working on the cutting edge. You'd be exposed to the kind of technology you wouldn't see anywhere else because we've classified it. Super string theory, chaos math, advanced algorithms...

WILL : Code-breaking.

아래층으로 뛰어 내려오는 발걸음 소리가 들린다. 모건이 나타난다.

모 건 : (숨이 차서) 뭣들 하냐?
처 키 : 모건, 니네 집에서나 손장난 해. 추잡하다고.
모 건 : 우리 집엔 비디오가 없어.
처 키 : 설마, 내 야구 장갑을 쓴 건 아니겠지…
모 건 : 안 썼어.
처 키 : 그건 내 소년 야구 때 장갑이야.
모 건 : 근데 내가 뭘 하길 바라니?
처 키 : 너 왜 그래? 야구 장갑에 올라타려는 거야?
모 건 : 그냥 발만 긁었어.
처 키 : 엄마 방을 더럽히면 어떡하냐!
모 건 : 딴 데 비디오가 없으니까 그렇지!
처 키 : 정말 비참하군.

낮. 국가 안보국 건물. 외부

낮. 국가 안보국. 사무실. 내부
윌이 국가 안보국 관리인 올리버 다이트레스와 로버트 타바노 앞에 앉아 있다. 이들은 말쑥하고, 단정하며, 멸사봉공의, 예리해 보이는 자들로 똑같이 짙은 남색 옷을 입고 있다.

윌 : 왜 내가 국가 안보국에서 일해야 하죠?
다이트레스 : 최신 기술을 다루게 될 테니까. 다른 데서 볼 수 없는 기술을 알게 될 거다. 극비를 다루게 될 테니까. 모든 수학 이론과 고등 연산 등…
윌 : 암호 해독?

- **jerk off**
〈비어〉 자위 행위를 하다, 시간을 헛되이 쓰다
= masturbate

- **hump**
〈비어〉 ~와 성교하다
= have sex with

- **smug**
잘난 체하는, 말쑥이 차린, 산뜻한, 점잖은 체하는
= too pleased with oneself
= showing too much satisfaction with one's own qualities

- **gung-ho**
〈속어〉 멸사봉공의, 열렬한

- **classify**
군사 정보, 문서 등을 기밀 취급하다

- **algorithm**
연산 (방식)

- **code-breaking**
암호 해독

You'd be working on the cutting edge.
너는 최첨단 기술을 다루게 될 거야.
• Cutting edge
= leading edge, bleeding edge.

Zoom In

You'd be working on the cutting edge.
너는 최첨단 기술을 다루게 될 거야.

DYTRESS : Well, that's one aspect of what we do.

WILL : Oh, come on, I mean, that's what you do. You guys handle eighty percent of the intelligence workload. You're seven times the size of the C.I.A.

DYTRESS : We don't like to brag about that, Will, but you're exactly right. So the way I see it, the question isn't: "Why should you work for the N.S.A.?" The question is: "Why shouldn't you?"

WILL : Why shouldn't I work for the N.S.A.? That's a tough one. But I'll take a shot. Say I'm working at the N.S.A., and somebody puts a code on my desk, somethin' no one else can break. Maybe I take a shot at it and maybe I break it. And I'm real happy with myself, 'cause I did my job well. But maybe that code was the location of some rebel army in North Africa or Middle East.

INT. SEAN'S OFFICE. NIGHT

Will sits across from Sean.

WILL : Once they have that location, they bomb, they bomb the village where the rebels are hiding and fifteen hundred people that I never met, never had no problem with, get killed. Now the politicians are sayin', "Oh, send in the marines to secure the area." 'cause they don't give a shit. It won't be their kid over there, gettin' shot. Just like it wasn't them when their number got called, 'cause they were pullin' a tour in the National Guard.

다이트레스 : 그것도 우리 일의 일부지.

윌 : 왜, 이래요. 그게 주 업무잖아요. 정보부 일의 80%를 하고 있다는 걸 알아요. 조직 규모는 정보부의 7배는 되고요.

다이트레스 : 자랑할 일은 아니지만 자네 말이 맞아. 그러니까 자네의 경우엔 이렇게 물어야겠군. “왜 우리와 일해야 하나?”가 아니라 “우리와 일하면 안 되는 이유가 뭔가?”라고.

윌 : 안 되는 이유가 뭐냐고요? 어려운 질문이지만 대답해 보죠. 내가 여기서 일한다고 합시다. 아무도 못 푼 암호해독이 내게 맡겨진다면 해독하려 들 겁니다. 성공한다면 정말 기쁘겠죠. 내 본분을 다한 거니까. 하지만 그 암호는 북아프리카나 중동의 반군 위치일지도 모르죠.

밤. 숀의 사무실. 내부
윌이 숀을 마주 보고 앉아 있다.

윌 : 일단 위치를 파악한 정보부는 폭도가 숨어 있는 그 마을을 폭격하게 될 테고 내가 얼굴조차 모르는 1,500명의 주민이 죽겠죠. 정치가들은 해병을 보내 지역 보안을 지역확보를 명령할 겁니다. 어차피 총알받이가 되는 건 자기들 자식이 아니니까요. 기껏 불려가 봐야 국내 보안을 맡는 일뿐이겠죠.

■ **pull a tour**
(군사) 근무기간을 완수하다
- pull
  ~를 완수하다
- tour
  (외지에서의) 근무기간

The way I see it.
내 생각에는, 내가 보는 바로는.
~the way, ~에 의하면, ~으로 판단하면

Zoom In

The way I see it.

내 생각에는.

It'll be some kid from Southie over there takin' shrapnel in the ass. He comes back to find that the plant he used to work at got exported to the country he just got back from. And the guy who put the shrapnel in his ass got his old job, 'cause he'll work for fifteen cents a day and no bathroom breaks. Meanwhile he realizes the only reason he was over there in the first place was so that we could install a government that would sell us oil at a good price. And of course the oil companies used a skirmish over there to scare up domestic oil prices. A cute, little ancillary benefit for them, but it ain't helping my buddy at two-fifty a gallon. They're takin' their sweet time bringin' the oil back, of course. Maybe even took the liberty to hire an alcoholic skipper who likes to drink martinis and fuckin' play slalom with the icebergs. It ain't too long 'til he hits one, spills the oil, and kills all the sea-life in the North Atlantic. So now my buddy's out of work. He can't afford to drive, so he's walking to the fuckin' job interviews which sucks 'cause the shrapnel in his ass is givin' him chronic hemorrhoids. And meanwhile he's starvin' 'cause every time he tries to get a bite to eat the only blue-plate special they're servin' is North Atlantic scrod with Quaker State.

A beat.

총알받이가 되는 건 빈민층 애들뿐이라고요. 게다가 귀향해 보면 전에 일하던 회사는 자신이 근무했던 나라로 옮겨져 자기를 쏜 녀석들에게 일자릴 주죠. 놈들은 하루 15센트에 오줌 눌 시간을 안 줘도 죽어라 일하거든요. 뒤늦게야 국외까지 가서 피 터지며 싸운 이유가 정부의 기름 값 흥정 때문이었단 걸 알게 되죠. 게다가 석유회사들은 그걸 이유로 국내 기름 값을 올려 이익을 챙길 겁니다. 어차피 기름 값은 오르겠죠. 그들은 영리하게 부수적인 이익을 챙기지만 1갤런에 25센트를 2달러 50센트 내야 하는 내 친구들에게는 하등의 도움이 되지 못하죠. 될 수 있는 한 천천히 기름을 들여올 테니까. 어쩌면 일부러 알코올 중독된 유조선 선장을 고용해서 빙산과 회전 경기를 하겠죠. 얼마 안 되어 배가 부딪쳐 기름을 엎질러서 북태평양의 바다 생물을 다 죽이게 될 지도 모르죠. 결국, 총받이가 됐던 우리 병사는 일자리를 잃고 차까지 굴릴 수 없어 면접이나 보고 다니며 부상 때문에 치칠로 고생고생하겠죠. 게다가 늘 굶주릴 겁니다. 식당에 가면 특별 메뉴라는 게 기름에 오염된 북대평양 대구 새끼뿐일 테니까.

잠시.

- **shrapnel**
  유선탄, 유선탄의 파편
- **No bathroom breaks.**
  소변볼 시간도 없다.
  - No coffee breaks.
    커피 타임도 없다.
- **skirmish**
  작은 충돌, 소규모 접전, 작은 논쟁
- **scare up**
  〈구어〉 몰아내다, 〈비유〉 폭로하다, 밝히다
- **ancillary**
  부수적인, 보조적인
  = providing help, support, or additional services
- **skipper**
  (특히 소형 상선, 어선의) 서장
- **slalom**
  (스키의) 회전경기
- **hemorrhoids**
  치질, 치핵
- **scrod, schrod**
  대구 새끼
- **Quaker State**
  자동차 기름의 상표이름

He can't afford to drive.
그에게는 차를 굴릴 여유가 없다.
= He can't afford a car.

Zoom In

He can't afford to drive.

그에게는 차를 굴릴 여유가 없다.

WILL : So what'd I think? I'm holdin' out for somethin' better. I figure, fuck it, while I'm at it, why not just shoot my buddy, take his job and give it to his sworn enemy, hike up gas prices, bomb a village, club a baby seal, hit the hash pipe and join the National Guard? I can be elected President.

SEAN : You feel like you're alone, Will?

WILL : What? (laughs)

SEAN : Do you have a soul mate?

WILL : Do I have...? Define that.

SEAN : Somebody who challenges you.

WILL : Uh, Chuckie.

SEAN : No, Chuckie's family. He'd lie down in fuckin' traffic for you. I'm talking about someone who opens up things for you. Touches your soul.

WILL : I got... I got...

SEAN : Who?

WILL : I got plenty.

SEAN : Well, name 'em.

WILL : Shakespeare, Nietzsche, Frost, O'Connor, Kant, Pope, Locke...

SEAN : That's great. They're all dead.

WILL : Not to me, they're not.

SEAN : Yeah, but you don't have a lot of dialog with them. You can't give back to them, Will.

WILL : Well, not without some serious smelling salts and a heater.

윌 : 왜 국가 안보국 일을 하지 않느냐고요? 더 좋은 직장을 찾고 싶으니까요. 젠장, 궁상떠는 걸 보느니 차라리 그 해병을 죽이고 직업을 뺏어 적에게 주고 기름값도 올리고 마을을 폭격하고 물개새끼를 난도질한 후 마약이나 실컷 하고 보안군에 들겠수다. 제길, 그럼 아마 대통령에 쉽게 당선될 걸요.

숀 : 세상에 너 혼자 있는 것 같니?

윌 : 네? (웃는다)

숀 : 영혼의 짝이 있어?

윌 : 내게… 무슨 뜻이죠?

숀 : 널 북돋아 줄 사람 말이야.

윌 : 어, 처키요.

숀 : 아니야. 처키는 널 위해 목숨을 내놓을 가족 같은 애지. 영혼의 짝이란 네 마음을 알고 영감을 주는 존재야.

윌 : 그런 친구라면…

숀 : 누구?

윌 : 그런 친군 많아요.

숀 : 이름을 대봐.

윌 : 셰익스피어, 니체, 프로스트, 오코너, 칸트, 교황님, 로크 등…

숀 : 위대한 자들이지. 모두 고인이잖아.

윌 : 제겐 아니에요.

숀 : 하지만 대화를 할 수 없잖니. 서로 교감할 수가 없어.

윌 : 뼈다귀만 남아 있겠죠.

- **club**
  곤봉으로 때리다
- **hash**
  〈속어〉 마리화나, 마약
- **soul mate**
  마음 맞는 사람
- **traffic**
  〈집합적〉 자동차
  = vehicles in this movement
- **O'Connor**
  Frank O'Connor (아일랜드 소설가)
  Mary Flannery O'Connor (미국의 여류 소설가)
  Thomas Power O'Connor (아일랜드의 언론인, 정치 지도자)
  이 중 첫번째인 Frank O'Connor를 지칭
- **smelling salts**
  냄새 맡고 정신차리게 하는 약 (옛날에는 두통이나 뇌빈혈에 사용)

Well, name'em.
이름을 대봐.
= Well, name them
'em은 them's 의 구어이다.

Zoom In

Well, name'em.

이름을 대봐.

SEAN : Yeah. Well, that's what I'm saying. You'll never have that kind of relationship in a world where you're always afraid to take the first step because all you see is every negative thing ten miles down the road.

WILL : You're going to take the professor's side on this?

SEAN : Don't give me a line of shit. No.

WILL : Look. I didn't want the job.

SEAN : It's not about the job. I don't care if you work for the government. But you can do anything you want. You're bound by nothing. What are you passionate about? What do you want? I mean there are guys who work their entire lives layin' brick so that their kids have a chance at the opportunities you have here.

WILL : I didn't ask for this.

SEAN : No. You were born with it. So, don't cop out behind: "I didn't ask for this."

WILL : What do you mean "cop out?" I mean, w-w-what's wrong with layin' brick?

SEAN : Nothing.

WILL : There's nothing wrong... That's some... that's somebody's home I'm buildin'.

SEAN : Right. My dad laid brick. Okay? Busted his ass so I could have an education.

WILL : Exactly. That's an honorable profession. What's wrong with... with fixin' somebody's car? Someone will get to work the next day 'cause of me. There's honor in that.

숀 : 그래. 내 말이 바로 그거야. 네가 먼저 다가서지 않으면 평생 그런 친구는 사귀지 못해. 넌 너무 부정적이야.

윌 : 교수님과 같은 생각이세요?

숀 : 말 돌리지 마.

윌 : 난 그 일이 싫었어요.

숀 : 일 문제가 아냐. 네가 정부 일을 하든 말든 난 상관 안 해. 하지만 넌 뭐든 할 수 있는 잠재력을 갖고 있어. 넌 무엇에 열정을 갖고 있지? 원하는 게 뭐야? 평생 벽돌공으로 산 사람들도 자식만큼은 너와 같은 기회를 얻길 바라고 있어.

윌 : 제가 원한 건 아니에요.

숀 : 그래. 넌 타고 났지. 그러니까 원치 않았단 말로 빠져나갈 생각하지 마.

윌 : 빠져나가다니요? 게다가 벽돌공이 뭐 어때서요?

숀 : 좋지.

윌 : 좋고말고요. 딴 사람의 집을 짓는 일은 고귀한 거라고요.

숀 : 알아. 내 아버지도 벽돌공이었어. 날 교육시키려고 허리가 끊어져라 일하셨지.

윌 : 바로 그거예요. 아주 고귀한 직업이라고요. 정비공은 또 어때요? 덕분에 사람들이 다음날 출근하잖아요? 귀한 직업이죠.

■ **cop out**
〈속어〉 (일이나 약속등에서) 손을 떼다, 책임을 회피하다

■ **There's nothing wrong.**
전혀 잘못된 것 없다.
• There's something wrong.
뭔가 잘못되었다.

■ **bust**
〈구어〉 파멸시키다, 폭발시키다
= break, burst

You're going to take the professor's side on this?
이 문제에서 교수님 편을 드시는 겁니까?
• take one's side on
~의 편을 들다.
= stand by one's side

Zoom In

You're going to take the professor's side on this?
이 문제에서 교수님 편을 드시는 겁니까?

SEAN : Yeah, there is, Will. There is honor in that. And there's honor in, you know, taking that forty minute train ride so those college kids could come in in the morning and their floors are clean and their waste baskets are empty. That's real work.

WILL : That's right.

SEAN : Right. And that's honorable. I'm sure that's why you took that job, I mean, for the honor of it. I just have a little question here. You could be a janitor anywhere. Why did you work at the most prestigious technical college in the whole fuckin' world? Why did you sneak around at night and finish other people's formulas that only one or two people in the world could do, and then lie about it? 'Cause I don't see a lot of honor in that, Will. So, what do you really wanna do?

A beat.

WILL : I wanna be a shepherd.

SEAN : Really.

WILL : I wanna move up to Nashua, get a nice little spread, get some sheep and tend to them.

SEAN : Maybe you should go do that.

Sean gets up, goes to the door and opens it.

WILL : What?

SEAN : You know, if you're going to jerk off, why don't you just do it at home with a moist towel?

숀 : 그래, 모든 직업은 귀해. 40분씩 전철을 타고 가서 대학의 바닥을 쓸고 쓰레기통을 비우는 청소부 일도 그렇지.

윌 : 맞아요.

숀 : 그래, 고귀한 일이야. 아마 그래서 네가 청소부를 택했을 거다. 하지만 한 가지 물어보마. 청소부는 어디서든 할 수 있어. 근데 왜 하필 세계 최고의 MIT에서 일하기로 했지? 왜 밤에 칠판 앞에서 어슬렁대며 세계에서 몇 명만이 풀 수 있는 문제를 풀고는 거짓말을 해대는 거야? 청소부가 고귀한 직업이라 그런 것 같지는 않구나. 진짜 하고 싶은 일이 뭐야?

잠시.

윌 : 목동이 되고 싶어요.

숀 : 그래.

윌 : 나슈아로 가서 넓찍한 땅을 사서 양을 치고 싶어요.

숀 : 그럼, 그렇게 하렴.

숀이 일어나 문으로 가서는 문을 연다.

윌 : 네?

숀 : 쓸데없는 짓거리를 하려면 당장 돌아가.

■ **prestigious**
일류의, 유명한, 이름이 알려진
= having or bringing prestige
- prestige
  = general respect or admiration felt for someone or something because they have high quality, social influence, success

■ **sneak**
서성대다, 살금살금 들어오다
= go quietly and secretly so as not to be seen

■ **formula**
〈수학〉 공식

■ **spread**
〈구어〉 대농장, 목장, 그 토지
= a large farm or esp. ranch

■ **moist**
촉촉한, 습한
= slightly wet

I wanna be a shepherd.
나는 목동이 되고 싶다.
- Wanna
  want be 또는 want a 를 표기한 비격식어
- wannabe
  (명) 명 열혈 팬, 닮고자 하는 사람
  (명) 형 열망하는 동경하는

Zoom In

I wanna be a shepherd.
나는 목동이 되고 싶다.

WILL : You're chucklin' me?

SEAN : Yeah, get the fuck outta here.

WILL : Hey, no, no, no. Time's not up, yet.

SEAN : Yeah it is.

WILL : I'm not leavin'. No!

SEAN : Listen. You're not going to answer my questions, you're wasting my fuckin' time.

WILL : What? I thought we were friends. What do you mean you...?

SEAN : Playtime's over, okay?

WILL : Well, why're you kickin' me out, Sean? I mean, what? I mean... you're lecturing me on life? Look at you, you fuckin' burnout. What winds your clock?

SEAN : Workin' with you.

WILL : Where's your "soul mate?" You wanna talk about soul mates? Where is she?

SEAN : Dead.

WILL : That's right, she's fuckin' dead. She fuckin' dies and you just cash in your chips and you walk away?

SEAN : Hey, at least I played a hand.

WILL : Oh... you played a hand and you lost. You lost a big fuckin' hand and some people will lose a big hand like that and have the sack too ante up again.

SEAN : Look at me. What do you wanna do?

A beat. Will looks up.

윌 : 날 내쫓으시는 거예요?
숀 : 그래, 당장 꺼져!
윌 : 이봐요, 아직 시간 안 끝났어요.
숀 : 끝났어.
윌 : 난 안 가요. 싫다고요!
숀 : 이봐. 제대로 답하지 않으면 시간 낭비일 뿐이야.
윌 : 왜요? 우린 친구잖아요. 무슨 말씀을 하시는지…?
숀 : 장난은 끝났다, 윌.
윌 : 하지만 왜 날 내쫓죠, 숀? 제 말은… 인생에 대해 설교하고 싶으세요? 주제를 아셔야죠! 선생님을 긴장시키는 건 뭐죠?
숀 : 너랑 상담하는 거.
윌 : 영혼의 친구는 있어요? 그게 부인 아닌가요? 지금 어딨죠?
숀 : 죽었다.
윌 : 맞아요. 그래서 간단히 정리하고 있는 거예요? 그녀는 죽고 하던 노름 끝내고 노름으로 받은 칩을 돈으로 바꾸려는거예요? 바꾸고 빠지는 거예요?
숀 : 적어도 노력은 했어.
윌 : 그래서요? 노력했다 실패하셨죠. 하지만 실패를 딛고 다시 일어서는 사람도 있어요.
숀 : 날 똑바로 봐. 넌 뭘하고 싶으냐?

잠시. 윌이 쳐다본다.

- **Get the fuck outta here.**
  당장 나가, 당장 꺼져.
  = Get the hell out of here.

- **burnout**
  극도의 피로, (스트레스로 인한) 신경쇠약
  = a state in which one's health has been ruined by too much work, pressure

- **ante up**
  돈을 내다, 치료하다
  = pay an amount of money, esp. in a game of chance

Why're you kicking me out?
왜 날 쫓아내는 거죠?
• kick out
〈구어〉 쫓아내다, 해도하다

Zoom In

Why're you kicking me out?

왜 날 쫓아내는 거죠?

SEAN : (snorts) You and your bullshit. You got a bullshit answer for everybody. But I ask you a very simple question and you can't give me a straight answer. Because you don't know. (opens the door again) See you, Bopeep.

Will walks out.

WILL : Fuck you!

SEAN : You're the shepherd… (closes the door and mutters) Shepherd… White little prick!

EXT. SOUTH BOSTON PAY PHONE. DAY
Will is on pay phone talking to Skylar.

WILL : I just wanted to, you know, um… call you up uh… before you left.

INT. SKYLAR'S DORM. DAY
Skylar is on the phone.

WILL : (over the phone) Um... I've been talkin' all these uh... job interviews and stuff. So I'm not going to be just a construction worker.

SKYLAR : Well, you know, I never really cared about that.

EXT. SOUTH BOSTON PAY PHONE. DAY

WILL : Yeah.

INT. SKYLAR'S DORM. DAY

SKYLAR : I love you... Will?

숀 : (코웃음 친다) 그놈의 헛소리! 넌 누구한테나 헛소릴 지껄여 대. 간단한 질문에도 정직한 답변을 못 하지. 왜냐하면, 넌 모르기 때문이야. (다시 문을 연다) 나중에 보자.

윌이 걸어나간다.

윌 : 집어치워!
숀 : 가서 목동이나 되라. (문을 닫으며 중얼거린다) 목동이라니. 망할 녀석!

낮. 남부 보스턴 공중전화. 외부
윌이 공중전화에서 스카일라에게 말하고 있다.

윌 : 떠나기 전에 연락하고 싶었어.

낮. 스카일라의 기숙사. 내부
스카일라가 전화를 받고 있다.

윌 : (전화에서) 요즘 면접시험을 많이 보고 있거든. 그래서 건설업 노무자는 면할 것 같아.
스카일라 : 직업은 아무 상관 없어.

낮. 남부 보스턴 공중전화. 외부

윌 : 알아.

낮. 스카일라의 기숙사. 내부

스카일라 : 사랑해… 윌?

- **bopeep**
(숨어있다가 아이를 놀래주는) 야옹(깍꿍)놀이 여기서는 어린애한테 하는 말로써 경멸의 의미로 쓰이고 있다
= a character from a children's nursery rhyme. Bopeep is a young girl who look after sheep, but in the nursery rhyme she has lost her sheep and cannot find them

- **call up**
전화를 걸다, ~을 불러내다
= telephone, ring up

- **and stuff**
〈구어〉 ~같은 시시한 것

- **construction**
건조, 건설, 건축
= the act or process of constructing

I never really cared about that.
난 정말 그것에 대해 마음 써본 적 없었어.
(never really의 위치에 유념할 것)

Zoom In

I never really cared about that.
난 정말 그것에 대해 마음 써본 적 없었어.

EXT. SOUTH BOSTON PAY PHONE. DAY

WILL : You take care.

INT. SKYLAR'S DORM. DAY
A sweet song starts to tun and continues.

Someone's always comin' around here
Trailn' some new kill

SKYLAR : Bye. (sobs)

Says I seen your picture on a hundred-dollar bill

EXT. SOUTH BOSTON PAY PHONE. DAY
An airplane approaches slowly to take its passengers on board.

EXT. SOUTH BOSTON. DAY
Will sits on a bench at the riverside, lost in thought.

What's a game of chance to you in this world

EXT. LOGAN AIRPORT TERMINAL. DAY
An airplane approaches slowly to take its passengers on board.

INT. LOGAN AIRPORT TERMINAL. SAME
Skylar looks for Will over the crowd, walking alone.

Him is one
Of real skill
So glad to meet ya, Angeles

낮. 남부 보스턴 공중전화. 외부

윌 : 몸조심해.

낮. 스카일라의 기숙사. 내부
감미로운 노래가 흐르기 시작하여 계속된다.

사람들은 항상 이곳으로 오곤 하지
새로운 미끼를 흘리며

스카일라 : 안녕. (울먹인다)

자기들이 백 달러짜리 지폐가 어떻게 생겼는지 보았다며

낮. 남부 보스턴 공중전화. 외부
윌이 전화를 끊는다. 스카일라는 계속 흐느낀다.

낮. 남부 보스턴. 외부
윌이 강가 벤치에 앉아 생각에 잠겨 있다.

운을 거는 게임에 대해 어찌 생각하냐고

낮. 로건 공항 터미널. 외부
비행기 한 대가 승객을 태우기 위해 서서히 다가온다.

내부. 로건 공항 터미널. 같음
스카일라가 혼자 걸으면서 사람들 너머로 윌을 찾는다.

자기들이 바로 그 진짜
실력을 가진 사람이라고 말하며
너무 반갑게 만나서

- **pay phone**
  공중전화
  = a public telephone inside a public building which one can use only after putting in a coin

- **lost in thought**
  생각에 잠겨 있는

- **Angeles**
  = Los Angeles

You take care.
몸 조심해, 잘 가.
= Take care of yourself.
= Take care.

Zoom In

You take care.
몸 조심해.

EXT. SOUTH BOSTON. DAY
Will continues sitting on the beach.

Pickin' up the ticket shows there's money to be made.

INT. LOGAN AIRPORT TERMINAL. DAY
Skylar stands at the gate, carry-ons in hand and finally boards.

Go on, lose the gamble
That's the history of the trade
Did you add up all the cards to play
To zero

EXT. LOGAN AIRPORT TEMINAL. DAY
An airplane is ready to leave.

EXT. SOUTH BOSTON. DAY
An airplane is flying up overhead into the blue sky.

And sign up with evil, Angeles
Don't start with me tryin'

INT. MAGGIORE BUILDER'S CONSTRUCTION SITE. DAY
Will continues to strike a wall with a hammer. This is what he does for a living. Chuckie stops working and takes a step back, watching Will. Will is oblivious.

CHUCKIE : Will! Come on. Will, that's it! We're done.

INT. SEAN'S OFFICE. DAY
Lambeau and Tom are in his office. Will is nowhere to be seen. Lambeau is on the phone.

LAMBEAU : I'm sitting in your office and the boy isn't here... (beat) Well, it's ten past five... (beat) An hour and ten minutes late.

낮. 남부 보스턴. 외부
윌이 계속 앉아 있다.

티켓을 사며 돈을 만들 기회는 얼마든지 있다는 걸 보여주며

낮. 로건 공항 터미널. 내부
스카일라가 손에 기내휴대 수하물을 들고 문에 서 있다가 마침내 탑승한다.

도박에서 일부러 지면
그게 바로 교환의 역사라고
남을 게임 할 카드는 모두 계산해 보았니?
돈을 다 잃을 때까지 게임할

낮. 로건 공항 터미널. 외부
비행기가 떠날 준비를 한다.

낮. 남부 보스턴. 외부
비행기 한 대가 머리 위로 푸른 창공을 날아오른다.

악마와 함께 등록해라
나를 끼어들게 하지 마라

낮. 맥기어 건축공사장. 내부
윌이 해머로 벽을 친다. 이것은 그가 생계를 위해 하는 일이다. 처키가 일하다가 한 걸음 물러서 윌을 본다. 윌은 일에 몰두하여 이를 알아채지 못한다.

처 키 : 윌! 이제 그쯤 하면 됐어!

낮. 숀의 사무실. 내부
램보와 톰이 사무실에 있다. 윌은 어디에도 보이지 않는다. 램보가 전화를 걸고 있다.

램 보 : 자네 사무실에 왔는데 윌이 없더군. (잠시) 지금이 5시 10분이니까, (잠시) 1시간 10분이 지나갔어.

- **carry-on**
  (승객의) 기내 휴대 수하물
- **board**
  (배, 비행기, 기차, 버스 등에) 타
  = get into (a ship or public vehicle)
- **gamble**
  도박, 노름, 투기, 모험
- **oblivious**
  잘 잊어버리는, 무엇에 몰두하여 감지하지 못하는, 안중에 없는
  = not noticing, unaware

We're done.
다 됐어, 이제 끝났어.
= We're finished.
• When you're done, give us a call.
끝나면 전화해.

Zoom In

We're done.
다 됐어.

I can make you satisfied in everything you do

LAMBEAU : Well, if doesn't show up and I file a report saying he wasn't here. And he goes back to jail. He won't be on my conscience...

All your secret wishes could right
Now be coming true

LAMBEAU : Okay. Fine.

MAGGIORE BUILDER'S CONSTRUCTION SITE. PARKING LOT

Chuckie and Will are leaning on the hood of his Cadillac. Each of them has a can of Budweiser. They drink.

WILL : What's up?

CHUCKIE : (showing his beer) Thanks.

Chuckie has a long draught of beer.

CHUCKIE : Ah! God... That's good... So how's your lady?

WILL : Eh... she's gone.

CHUCKIE : Gone? Gone Where?

WILL : Uh, med school. Medical school in California.

CHUCKIE : Really?

WILL : Yeah.

CHUCKIE : When was this?

WILL : It was, like, a week ago.

CHUCKIE : Well, that sucks. So uh... when are you done with those meetings?

WILL : I think the week after I'm 21.

난 모든 일에 네가 만족하게 해 줄 수 있어

램 보 : 애가 약속을 안 지키면 당국에 보고해야 한단 말이야. 재 수감 되도 난 몰라. 재 수감 되도 나는 양심에 거리낄 것이 없어.

네가 지닌 감추고 있는 소망들이
지금 당장 실현될 수 있게

램 보 : 알았어, 좋아.

맥기어 건축공사장.
주차장 처키와 윌이 캐딜락 차의 후드에 기대서 있다. 그들은 각자 캔 맥주를 마시고 있다.

윌 : 무슨 일이야?
처 키 : (맥주를 보이며) 고마워.

처키가 맥주를 죽 들이켠다.

처 키 : 아, 정말 시원하다. 그래, 여자 친군 어때?
윌 : 떠났어.
처 키 : 떠나다니? 어딜?
윌 : 캘리포니아 의대로 갔어.
처 키 : 정말?
윌 : 응.
처 키 : 언제 갔는데?
윌 : 한 일주일 됐어.
처 키 : 기분 더럽네. 교수님들과의 일은 어때?
윌 : 다음 주면 21살이 돼.

■ **file**
(증서, 서류)를 정식으로 제출하다
= send in officially

■ **on one's conscience**
양심에 맹세하여, 반드시
• conscience
양심, 선악의 판단력

■ **draught**
한 모금, 한 번 마시기
= an act of swallowing liquid or the amount of liquid swallowed at one time

■ **That sucks.**
기분 더럽네.
• suck
〈속어〉 불쾌하다
= be extremely disagreeable or unacceptable

■ **be done with**
~을 마치다, 끝내다, ~와의 관계를 끊다

If he doesn't show up
그가 나타나지 않으면.
= if he doesn't appear.
• show up
= arrive as expected or arranged

Zoom In

If he doesn't show up
그가 나타나지 않으면.

CHUCKIE : Yeah, they're gonna hook you up with a job or what?

WILL : Yeah. Fuckin' sit in a room and do long division for the next fifty years.

CHUCKIE : Nah, probably make some nice bank, though.

WILL : I'm gonna be a fuckin' lab rat.

CHUCKIE : Better than this shit. Way outta here.

WILL : What do I want a way out of here for? I mean, I'm gonna fuckin' live here the rest of my life. You know, We'll be neighbors, you know. We'll have little kids fuckin' take' 'em to little league together up Foley Field.

CHUCKIE : Look, You're my best friend, so don't take this the wrong way. But in 20 years, if you're still livin' here, comin' over to my house to watch the Patriots' Games and still workin' construction, I'll fuckin' Kill you. That's not threat. Now, that's a fact. I'll fuckin' Kill you.

WILL : What the fuck are you talkin' about?

CHUCKIE : Look, you got somethin' none of us have.

WILL : Oh, come on! Why... why is it always this? I mean, I fuckin' owe it to myself to do this or that. What if I don't want to?

CHUCKIE : No, no, no. Fuck you. You don't owe it to yourself. You owe it to me. 'Cause tomorrow I'm gonna wake up and I'll be fifty and I'll still be doin' this shit. And that's all right, that's fine. I mean, you're sitting on a winning lottery ticket. And you're too much of a pussy to cash it in. And that's bullshit 'cause

처 키 : 그래, 일자리 같은 거 마련해 주신 대?

윌 : 그래. 앞으로 50년간 책상머리에 붙어 있으래. 50년간 사무실에서 자릿수 많은 나누기, 수학적인 공식.을 하고 있겠지.

처 키 : 그래도 돈은 많이 벌겠다.

윌 : 실험실 생쥐 꼴이 되는 거지.

처 키 : 그래도 여기서 탈출할 순 있잖아.

윌 : 뭣 땜에 탈출해? 난 평생 여기서 살 작정이야. 너하고 이웃에 살면서 애도 낳고 리틀 야구장에도 함께 가구 말이야.

처 키 : 넌 친구니까 이런 말 한다고 오해하지 마. 20년 후에도 여기 살면서 우리 집에 와서 비디오나 보고 미식축구 경기나 보면서 여전히 공사장에서 일하면 널 죽여버릴 거야. 장난 아냐. 그냥 해보는 협박 아냐, 사실이라고 정말. 정말 없애버릴 거야.

윌 : 젠장 무슨 소리야?

처 키 : 넌 우리한테 없는 재능을 가졌어.

윌 : 젠장! 다들 왜 나한테 항상 이래라 저래라야? 난 이 일이 좋다고.

처 키 : 아냐, 이 빌어먹을 자식. 널 위해 그러는 게 아냐. 날 위해서라고. 50이 되도 난 이런 육체노동을 하고 있을 거야. 그건 아무래도 좋아. 하지만 넌 지금 당첨될 복권을 깔고 앉고서도 너무 겁이 많아 돈으로 못 바꾸는 꼴이라고. 병신 같은 짓이지.

- **hook up**
  연결하다, 접속하다
- **division**
  나눗셈, 제법
- **Patriots' Games**
  텔레비전 프로그램 이름
- **winning**
  소득이 생기는, 당선된, 승리를 얻은, 이긴
- **pussy**
  〈속어〉 여성적인 나약한 청년
- **cash in**
  현금으로 바꾸다, 현금화 하다
  = exchange for cash

What if I don't want to?
설사 내가 원하지 않는다 한들 어쨌단 말인가?, 알게뭐야?
= What does it matter if I don't want to?

Zoom In

What if I don't want to?

설사 내가 원하지 않는다 한들 어쨌단 말인가?

I'd do fuckin' anything to have what you got! And so would any of these fuckin' guys. It'd be an insult to us if you're still here in twenty years. Hanging around here is a fuckin' waste of your time.

WILL : You don't know that.

CHUCKIE : I don't?

WILL : No. You don't know that.

CHUCKIE : Oh, I don't know that. Let me tell you what I do know. Every day I come by your house and I pick you up, and we go out and we have a few drinks, and a few laughs, and it's great. You know what the best part of my day is? It's for about ten seconds: from when I pull up to the curb and when I get to your door. 'Cause I think maybe I'll get up there and I'll knock on the door and you won't be there. No "goodbye." No "see you later." No nothing. You just left.

A beat.

CHUCKIE : I don't know much, but I know that. (mutters)

네게 있는 재주를 가질 수 있다면 난 뭐든 할 걸. 여기 친구들도 마찬가지야. 네가 여기서 20년이나 썩는 건 우리에 대한 모욕이라고. 시간 낭비는 물론이고.

월 : 모르는 소리 하지 마.

처 키 : 뭘 몰라?

월 : 넌 몰라.

처 키 : 하지만 이거 한 가지는 알아. 매일 아침 네 집에 들러 널 깨우고 같이 외출해 한껏 취하며 웃는 것도 좋아. 하지만 내 인생 최고의 날이 언젠지 알아?

처 키 : 약 10초 동안이지. 내가 너희 집 골목에 들어서서 차를 세우고 네 집 문을 두드려도 네가 없을 때야. 안녕이란 말도 없이, 네가 떠났을 때라구.

잠시.

처 키 : 난 많이는 모르지만 그것만은 알지. (중얼거린다)

■ **mutter**
중얼거리다, 투덜투덜(불평을) 말하다

Movie Talk 09

상처받기 쉬운 한 젊은이의 영혼이 몸부림을 치다!

이제 윌은 분명한 자기노선을 취해야 한다. 램보냐, 숀이냐? 그것은 영화 플롯의 갈림길이기도 하다. 물론 이미 숀에게로 기울어진 그이지만…

램보 교수는 윌이 인터뷰에 처키를 보낸 행동에 대해 못내 서운해하면서 자신의 진심을 몰라주는 윌에게 배신감을 느낀다. 그러면서 윌이 푼 고난도의 수학문제에 대해 경탄을 하면서 자신의 무력함을 고백한다. 정말 대학자로서 놀라운 태도라 할 수 있다. 더구나 윌 앞에 무릎을 꿇고 불을 끄는 램보교수! 이는 상징적인 장면이기는 하지만 윌에게는 그의 진실함이 큰 충격으로 다가온다. 윌은 친구들과 다시 일상처럼 어울리는 가운데 지금까지와는 다른 생각하는 사람이 된다.

여섯 번째 상담에서는 인본주의적 인간관계에 눈뜨게 해준다. 인간에게는 타고난 잠재력이 있으므로 건설적으로 발달시켜야 한다는 것이 그것인데 윌에게 무한한 성장력이 내재되어 있다는 자신감을 심어주는 장면이다. 숀은 마음을 열도록 내담자를 적극적으로 격려한다. 그리고 윌의 무의식 속의 방어심리를 꼬집어 준다. 간단한 질문에도 정직한 대답을 못 하

는 윌의 갈등상황이 극에 다다른다. 숀은 온 정력을 쏟아부으며 윌을 설득하기 시작한다. 인생은 혼자 살 수 없는 것. 서로 교감할 수 있는 영혼의 짝을 찾아라. 진짜 하고 싶은 일을 찾아라. 그의 조리 있는 말에 코너에 몰린 윌은 엉뚱한 대답으로 피해 나가려고 한다. 숀이 이것을 놓칠 리 없다. 그는 소리쳐 윌을 내쫓는다. 어떤 상담자나 부모도 한계는 있는 법이다.

이번에는 윌을 충격이 크다. 어린 시절에는 육체적 고통으로 집을 나왔지만, 이번에는 이미 성인이 된 상황에서 정신적 상처를 입고 쫓기는 것이다. 아무리 감정이 메마른 윌이지만 사태를 모를 정도로 가슴이 얼어붙은 것은 아니다. 그는 달라진다. 영혼의 짝을 놓쳐 일생을 후회하며 살 수는 없다.

우선 스카일라에게 전화를 건다. 역시 그녀가 영혼의 짝인가 보다. 스카일라에게 사랑은 이미 직업 문제를 초월했다. 하지만 그녀를 쫓아갈 수 없다. 그로서는 떳떳한 직장을 잡아 안정된 상태에서 사랑하는 여인 앞에 나타나고 싶은 것이다. 사랑한다고 속삭이면서 흐느끼는 스카일라… 홀로 강변에 앉아 생각에 잠기는 윌… 마침내 비행기는 아쉬운 듯 '느릿느릿' 하늘을 날기 시작한다.

그러나 윌에게는 더 큰 충격이 그를 기다린다. 윌이 갖고 있던 '끈'은 어린 시절부터 같이 자라온 친구들이다. 가장 가까운 친구인 처키가 이 끈을 끊어버리려고 하는 것이다. 그는 선언한다. 빨리 이곳을 탈출하라고. 아마도 윌은 처키의 이 말을 가장 충격으로 받아들였을 것이 틀림없다.

Robin Williams · Matt Damon · Ben Affleck

GOOD WILL HUNTING

Chapter 10

사랑은 찬란한 것

Love Is Splendid

시간 01:43:46 ~ 02:06:25

INT. SEAN'S OFFICE. DAY

Lambeau stands across from Sean, seething.

LAMBEAU :	This is a disaster, Sean! I brought you in here because I wanted you to help me with the boy. Not to run him out.
SEAN :	I know what I'm doing with the boy.
LAMBEAU :	I don't care if you have a rapport with the boy. I don't care if you have a few laughs even at my expense! But don't you dare undermine what I'm trying to do here.
SEAN :	Undermine?
LAMBEAU :	This boy is at a fragile point right now.
SEAN :	I do understand. He is at a fragile point, okay? He's got problems.
LAMBEAU :	Well, what problems does he have, Sean? That he is better off as a janitor? That he's better off in jail? Better off hanging out with a bunch of retarded gorillas?

낮. 숀의 사무실. 내부
램보가 불만으로 가득 차서 숀을 마주 보고 서 있다.

램 보 : 이건 말도 안 돼, 숀! 아이를 도와주라고 보냈더니 내쫓아?
숀 : 내가 알아서 해.
램 보 : 내 돈으로 둘이 무슨 짓을 했건 상관 안 해. 하지만 내 노력을 방해하지나 말아 줘.
숀 : 방해?
램 보 : 윌에겐 지금이 가장 중요한 시기야.
숀 : 그래, 알아. 게다가 문제까지 있지.
램 보 : 대체 무슨 문제가 있다는 거야? 청소부나 범죄자가 되는 게 낫단 거야? 멍청이들과 취해 해롱대는 게?

- **seething**
(화, 흥분등으로) 속이 끓어 오르는
= being in a state of anger, unrest, or excited movement

- **rapport**
영교(靈 交), (정신과 의사와 상담환자의) 신뢰감
= close agreement and understanding

- **undermine**
모르는 사이에 해치다, 몰래 손상시키다
= weaken or destroy gradually

- **fragile**
부서지기 쉬운, 연약한

- **hang out with**
(~와) 어울리다, 사귀다

- **retarded**
지능 발달이 늦은

SEAN : Oh, why do you think he does that, Gerry? Do you have any fuckin' clue why? Hmm?

LAMBEAU : He can handle the problem. He can handle the work. And he's obviously handled you.

SEAN : Gerry, listen to me. Listen. Why is he hiding? Why doesn't he trust anybody? Because the first thing that happened to him, he was abandoned by the people who were supposed to love him the most!

LAMBEAU : Oh, come on, don't give me that Freudian crap.

SEAN : Aw, now listen, Gerry. And why does he hang out with those retarded gorillas, as you call them? Because any one of them, if he asked them to, would take a fuckin' bat to your head, okay? That's called loyalty!

LAMBEAU : (sits in the sofa) yeah, that's very touching.

SEAN : And who's he handling? He pushes people away before they have a chance to leave him. It's a defense mechanism, all right? And for 20 years he's been alone because of that. And if you push him right now, it's going to be the same thing all over again. And I'm not going to let that happen to him!

LAMBEAU : Now, don't you do that, Sean.

SEAN : What, Gerry?

LAMBEAU : Don't you do that! Don't infect him with the idea that it's okay to quit. That it's okay to be a failure, because it's not okay, Sean! And if you're angry at me for being successful, for being what you could have been, Sean...

SEAN : I'm not angry at you, Gerry.

숀 :	윌이 왜 그런다고 생각해? 이유를 생각이나 해 봤어? 엉?
램 보 :	그런 문제쯤은 극복할 거야. 자네도 그 애한텐 못 당하잖아.
숀 :	이봐, 내 말 잘 들어. 그 애가 왜 현실을 회피하고 아무도 못 믿을까? 그건 바로 사랑했던 사람들에게 버림받았기 때문이야!
램 보 :	젠장, 그놈의 프로이트 타령 좀 그만해.
숀 :	이봐, 잘 들어. 그 애가 대체 왜 멍청한 친구들과 해롱대며 어울리느냐고 했나? 왜냐하면, 그 애들은 윌이 부탁만 하면 자네 머릴 칠 수도 있는 신의를 갖고 있기 때문이야.
램 보 :	(소파에 앉으며) 퍽도 감동적이군.
숀 :	그 애가 어떤 앤 줄 아나? 사람들이 자길 떠나기 전에 먼저 떠나게 만들고 있어. 바로 방어 심리라고, 알아? 그 때문에 20년이나 외롭게 산 애야. 지금 자네가 그 앨 몰아치면 또 그 악순환이 반복돼. 그렇게 되게 보고만 있을 순 없네!
램 보 :	제발 참아 줘, 숀.
숀 :	뭘 말인가?
램 보 :	포기해도 괜찮다는 식의 의식을 심어 주지 말란 말이야. 실패자가 돼도 괜찮다고? 천만에, 그렇지 않아. 자네로선 내가 성공한 게 배 아프겠지. 자네가 이 위치에 있을 수 있었을 테니까.
숀 :	그런 생각 안 하네, 제리.

■ **abandon**
(처자를) 유기하다, 버리다
= leave completely and for ever, desert

■ **crap**
허튼소리, 거짓말, 허풍
= nonsense
• Cut the crap!
허튼 소리 마라!

■ **touching**
감동적인, 감동시키는

■ **mechanism**
〈심리〉 심리 과정, 기제(機制)

Do you have any fuckin' clue why?
도대체 이유를 알기나 해?
= Do you have any idea of why?
• I don't have a clue.
= I don't know.

Zoom In

Do you have any fuckin' clue why?
도대체 이유를 알기나 해?

LAMBEAU : Oh, yes, you are angry at me, Sean. You resent me. But I'm not going to apologize for any... any success that I've had. You're angry at me for doing what you could have done!

Will's shadow is seen outside the door.

LAMBEAU : But ask yourself, Sean, ask yourself if you want Will to feel that way, if you want him to feel like a failure?

SEAN : Oh, you arrogant shit! That's why I don't come to the goddamned reunions! Because I can't stand that look in your eye. You know? That condescending embar-rassed look.

LAMBEAU : Aw, come on, Sean.

SEAN : You think I'm a failure. I know who I am. And I'm proud of what I do. It was a conscious choice. I didn't fuck up! And you and your cronies think I'm some sort of pity case! You and your kiss ass chorus, following you around going. "The Fields Medal! The Fields Medals!" Why are you still so fuckin' afraid of failure?

LAMBEAU : (laughs) It's about my medal, is it? Oh, God, I could go home and get it for you. You can have it.

SEAN : You please don't, you know...

LAMBEAU : I mean that...

SEAN : You know what, Gerry? Shove the medal up your fuckin' ass, all right? 'Cause I don't give a shit about your medal because I knew you before you were a mathematical god.

램 보 : 솔직히 말해. 날 원망하고 있잖아. 하지만 난 자네한테 사과할 마음 없어. 내가 성공했다고 자넨 날 속으로 원망하고 있어.

문 밖에 윌의 그림자가 보인다.

램 보 : 하지만 자문해 봐, 숀. 정말 윌이 그렇게 느끼기를 바라는 거야? 정말 윌이 실패자의 의식을 갖길 원해?

숀 : 이 오만한 자식! 그래서 동창회에 안 갔던 거야! 네놈의 그 눈빛을 보기 싫어서, 겸손한 척하는 네놈의 표정!

램 보 : 이봐, 숀.

숀 : 넌 날 실패자로 보지? 난, 내가 누군지 알아. 내 직업이 자랑스러워. 지각 있는 선택이었으니까. 난 실패자가 아냐! 자네와 그 잘난 동료들 눈에는 내가 불쌍해 보이겠지! "수학 수훈상 수상자, 수상자!"하며 아부나 떠는 가소로운 것들! 실패하는 게 뭐 어때서 그렇게 두려워해?

램 보 : (웃는다) 또 수훈상 얘기군. 당장 줄 테니까 가져가라고.

숀 : 제발 그러지 마.

램 보 : 내 말은…

숀 : 이봐, 제리. 그 놈의 메달을 갖고 무슨 짓을 하든 맘대로 해! 난 상관 안 해. 수학 귀신이 되기 훨씬 이전의 자넬 아니까.

■ **resent**
~에 분개하다. ~을 원망하다
= feel anger and dislike about something that hurts, offends, or annoys one

■ **condescending**
짐짓 겸손한 체하는, 생색을 내는 듯한
= behaving as though one is better or more important than others

■ **crony**
〈구어〉 친구, 벗, 추종자, 패거리

■ **shove**
난폭하게 밀다, 밀어내다. ~을 놓다, 집어 (밀어)넣다

■ **don't give a shit about**
~에 대해 상관하지 않다
= don't give a damn about
= don't care about

I can't stand that look in your eye.
네 그 눈빛 정말 못 봐주겠어.
• stand
참다
= bear, endure

Zoom In

I can't stand that look in your eye.

네 그 눈빛 정말 못 봐주겠어.

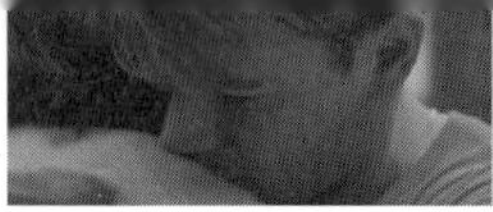

When you were pimple-and homesick, and didn't know what side of the bed to piss on.

LAMBEAU : Yeah, you were smarter than me then and you're smarter than me now! So don't blame me for how your life turned out. It's not my fault.

SEAN : I don't blame you! It's not about you! You mathematical dick! It's about the boy! He's a good kid! And I won't see you fuck him up like you're trying to fuck up me right now. I won't see you make him feel like a failure, too!

LAMBEAU : (stands up) He won't be a failure, Sean!

SEAN : But if you push him, Gerry! If you ride him!

LAMBEAU : Seeeeaaaaan. I'm what I am today because I was pushed. And because I learned to push myself!

SEAN : He's not you, you get that?!

Lambeau turns, something catches his eye. Sean turns to look. It's Will. He is standing in the doorway.

WILL : I can... come back.

LAMBEAU : No, come in, uh... I was just leaving.

There is an awkward moment as Lambeau leaves.

SEAN : A lot of that stuff goes back a long way between me and him. You know. Not about you.

Sean looks for some paper on the desk.

WILL : What is that?

여드름투성이의 향수병 걸린촌닭이었지.

램 보 : 그때나 지금이나 자넨 나보다 똑똑해! 그러니까 실패한 걸 내 탓으로 돌리지 마!

숀 : 널 탓하는 게 아냐. 문제는 네가 아니라고! 빙충아! 문제는 윌이라구! 그 앤 좋은 애야! 네 녀석이 지금처럼 그 앨 몰아대게 놔두지 않겠어. 실패자처럼 느끼게 하지는 않겠다고!

램 보 : (일어선다) 실패할 리 없으니까!

숀 : 하지만 지금처럼 몰아대면!

램 보 : 숀, 내가 오늘 이 자리에 온 건 나 자신을 몰아댔기 때문이야!

숀 : 윌은 자네와 달라, 알아?

램보가 돌아서자 뭔가 눈을 사로잡는다. 숀도 돌아서 본다. 그것은 윌이다. 그가 문간에 서 있다.

윌 : 나중에 올게요.

램 보 : 아니, 들어 와. 나가려던 참이었어.

램보가 나갈 때 어색한 순간이 흐른다.

숀 : 나하고 저 친구는 오래전부터 이랬어. 너 때문이 아니야.

숀이 책상 위에서 서류를 찾는다.

윌 : 그건 뭐죠?

■ **pimple**
여드름, 뾰루지

You get that?
알겠어?
You got that?으로 쓰기도 한다.
= Do you understand that?

Zoom In

You get that?

알겠어?

SEAN : This is your file. I have to send it back to the judge for evaluation.

Will sees a file on Sean's desk.

WILL : Oh. Hey, you're not going to fail me, are you?

Sean and Will smile.

WILL : What's it say?

SEAN : Wanna to read it?

WILL : Why? Have you had any uh... experience with that?

SEAN : Twenty years of counseling. Yeah, I've seen some pretty awful shit.

On the file there are Will's pictures showing some bruises on his body.

WILL : I mean, have you had any... experience with that?

SEAN : Personally?

WILL : Yeah.

SEAN : Yeah, I have.

WILL : It sure ain't good.

SEAN : My father was an alcoholic. Mean fuckin' drunk.

On the screen his father walking up the stairs is seen.

SEAN : He'd come home hammered, lookin' to wail on somebody. So, I had to provoke him so he wouldn't go after my mother and little brother. Interesting nights were when he wore his rings.

숀 : 네 서류다. 판사에게 보내 평가를 받아야 하거든.

윌이 책상 위의 서류를 본다.

윌 : 설마, 나쁘게 쓰신 건 아니겠죠?

숀과 윌이 웃는다.

윌 : 뭐라고 써 있죠?
숀 : 보고 싶니?
윌 : 왜 그러세요? 혹시 선생님도 경험 있으세요?
숀 : 20여 년간 상담하다 보니 별별 끔찍한 걸 다 봤다.

서류에는 윌이 상처를 입은 사진이 있다.

윌 : 아니 제 말은 직접 경험을 하셨느냐구요?
숀 : 개인적으로?
윌 : 네.
숀 : 그래, 했다.
윌 : 더러운 기분이었겠죠?
숀 : 아버진 알코올 중독자셨다.

스크린에 숀의 아버지가 층계를 올라오는 것이 보인다.

숀 : 늘 고주망태였지. 완전히 곯아 떨어져 팰 사람을 찾곤 했어. 난 엄마와 동생이 맞지 않게 하려고 먼저 덤볐지. 반지를 끼고 계신 날이면 더욱 재미있었어.

- **evaluation**
  평가, 사정
  = calculating or judging the value or degree of

- **bruise**
  타박상, 멍, 상처
  = a mark caused by a blow or fall, resulting in discoloring of the skin of a human, animal, or fruit but not breaking of the skin

- **mean**
  (말 등이) 버릇나쁜, 다루기 힘든

- **wail**
  울부짖, 불평하다

- **provoke**
  약올리다, 화나게 하다
  = make a person or animal angry or bad-tempered, esp. by continually annoying them

What's it say?
뭐라고 써 있죠?
= What does it say?
= What is written on it?
• say
~라고 쓰여있다, ~라고 나와 있다.

Zoom In

What's it say?

뭐라고 써 있죠?

WILL : Yeah... He used to just put a uh... a wrench, a stick, and a belt on the table, and just say, "Choose."

SEAN : Well, I gotta go with the belt there, Vanna.

WILL : Uh... well, I used to go with the wrench.

SEAN : Why the wrench?

WILL : 'Cause fuck him, that's why.

SEAN : Your foster father?

WILL : Yeah. So uh... you know, what is it? Like, Will has an attachment disorder? Is it all that stuff? Fear of abandonment? Is that why uh... is that why I broke up with Skylar?

SEAN : I didn't know you had.

WILL : Yeah... I did.

SEAN : You wanna talk about it?

WILL : No...

SEAN : Hey, Will! I don't know a lot. But you see this? All this shit? It's not your fault.

WILL : (whispers) Yeah, I know that.

SEAN : Look at me, son.

Will, who had been looking away, looks at Sean.

SEAN : It's not your fault.

WILL : I know.

SEAN : It's not your fault.

WILL : I know.

SEAN : No, no, you don't. It's not your fault. Hmm?

WILL : I know.

SEAN : It's not your fault.

윌 : 그래요, 그 남자는 늘 탁자에 렌치와 막대와 혁대를 늘어놓곤 선택하라고 했었죠.
숀 : 나 같으면 혁대로 하겠다.
윌 : 전 렌치를 택하곤 했어요.
숀 : 왜 렌치를?
윌 : 할 때까지 해 보란 심정이었죠.
숀 : 네 양부였니?
윌 : 네. 그래 평가 결과는 어때요? 애정 결핍 같은 건가요? 버림받을까 봐 두려워하는 거? 그래서 제가 스카일라와 헤어진 걸까요?
숀 : 헤어진 줄 몰랐구나.
윌 : 헤어졌어요.
숀 : 털어놓고 싶으냐?
윌 : 아니요.
숀 : 이봐, 윌. 나도 아는 게 많지 않지만, 이 기록은 모두 다 헛소리야. 네 잘못이 아니야.
윌 : (속삭인다) 알아요.
숀 : 내 눈을 똑바로 바라봐.

다른 데를 보고 있던 윌이 숀을 바로 바라본다.

숀 : 네 잘못이 아니야.
윌 : 알아요.
숀 : 네 잘못이 아니야.
윌 : 안다고요.
숀 : 아니, 아니, 넌 몰라. 네 잘못이 아니라고. 음?
윌 : 알아요.
숀 : 네 잘못이 아냐.

- **wrench**
  렌치 (너트를 죄는 기구)
- **attachment**
  애정, 애착,집착
- **disorder**
  (가벼운) 질환 (심신 기능의) 부조화, 기능 장애

Is that why I broke up with Skylar?
그래서 스카이라와 헤어진 건가요?
- break up with
  〈구어〉 ~와 헤어지다, 절교하다

Zoom In

Is that why I broke up with Skylar?

그래서 스카이라와 헤어진 건가요?

WILL : (dead serious) All right.

SEAN : It's not your fault. (whispers) It's not your fault.

WILL : Don't fuck with me. (sobs)

SEAN : It's not your fault.

WILL : Don't fuck with me, all right? Don't fuck with me Sean, not you.

SEAN : It's not your fault. (whispers) It's not your fault...

WILL : (crying) My God! I'm so sorry! My God!

Sean takes Will in his arms and holds him like a child. Will sobs like a baby. After a moment, he wraps his arms around Sean and holds him, even tighter. Two lonely souls seems like father and son together.

SEAN : Fuck them, okay?

INT. THE STREETCAR. EVENING

Will sits alone in a train. He looks out of the window thinking.

INT. WILL'S APARTMENT. NIGHT

Will sits alone and is lost in thought.

EXT. TRI-TECH LABORATORIES. DAY

Will walks up to a nondescript building and through the glass doors, into the lobby.

INT. TRI-TECH LABORATORIES. RECEPTION - CONTINUOUS

Will approaches the reception desk. A security guard looks up.

SECURITY GUARD : Can I help you?

WILL : Yeah, I'm uh... Will Hunting. I'm here about a position.

SECURITY GUARD : Could you just have a seat for a moment?

월 : (매우 심각하게) 안다니까요.

숀 : 네 잘못이 아니야. (속삭인다) 네 잘못이 아니라고.

월 : 성질 나게 하지 마세요. (흐느낀다)

숀 : 네 잘못이 아니야.

월 : 성질나게 하지 말란 말이에요! 선생님만이라도!

숀 : 네 잘못이 아니야. (속삭인다) 네 잘못이 아니라구…

월 : (운다) 젠장! 정말 죄송해요!

숀이 윌의 손을 잡아 어린애처럼 그를 붙든다. 윌이 어린아이처럼 흐느낀다. 잠시 후, 윌은 팔로 숀을 감싸며 안고서는 꼭 껴안는다. 두 외로운 사람은 마치 부자간 같다.

숀 : 다 잊어버려.

저녁. 전차. 내부
윌이 전차에 홀로 앉아 있다. 그는 생각에 잠겨 창밖을 내다본다.

밤. 윌의 아파트. 내부
윌이 혼자 앉아서 생각에 잠겨 있다.

낮. 트리 텍 연구소. 외부
윌이 정체를 알 수 없는 건물로 걸어와 유리문을 통해 로비로 들어온다.

트리 텍 연구소. 내부. 프런트. 계속
윌이 프런트로 다가간다. 경비원이 쳐다본다.

경비원 : 무슨 일이시죠?

윌 : 네, 저… 윌 헌팅인데요. 면접 보러 왔습니다.

경비원 : 잠시 기다려 주시겠어요?

■ **fuck with**
~에 간섭하다, 괴롭히다, 가지고 놀다

■ **Don't fuck with me.**
성질 나게 하지 말아요.
(원래 fuck with는 have a sex with의 뜻이지만 상황에 따라 '간섭하다, 건드리다' 등 알맞게 해석이 되는 속어)

■ **wrap**
감싸다, 감추다, 덮어싸다
= cover something in a material folded around

■ **nondescript**
막연한, 정체를 알 수 없는, 특징이 없는
= without any noticeable or interesting qualities
= very ordinary
= not distinctive

■ **security guard**
경비원
• security
안전, 무사, 경계

Could you just have a seat for a moment?
잠시 앉아 계시겠습니까?
= Would you take a seat for a minute?

Zoom In

Could you just have a seat for a moment?
잠시 앉아 계시겠습니까?

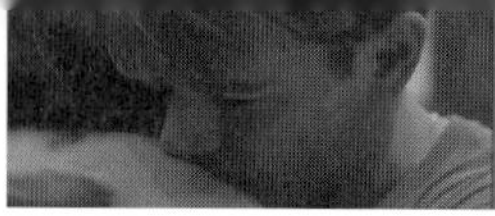

The guard reaches for the phone.

SECURITY GUARD : (V.O.) Yes. There's a Mr. Hunting in the lobby.

EXT. SOUTH BOSTON. TWILIGHT
There's a boat sliding on the river.

EXT. BUNKER HILL COMMUNITY COLLEGE. DAY

INT. SEAN'S OFFICE. DAY
Will sits across from Sean.

SEAN : Which one did you take?

WILL : I was over at uh... McNeil. It's one of the jobs the professor set me up with. I haven't told him yet, but I went... I went down there and I talked to my boss and... My new boss. He seemed like a good guy.

SEAN : Is that what you want?

WILL : Yeah, you know, I think so.

SEAN : Well, good for you. Congratulations.

WILL : Thanks.

SEAN : (looking up the clock) Time's up.

WILL : So that's... so that's it? So we're... we're done?

SEAN : Yeah, that's it. You're done. You're a free man.

WILL : Well, um, I just want you to know, Sean, that...

SEAN : You're welcome, Will.

WILL : So, you know, I hope we keep in touch, you know.

SEAN : Yeah, me too. I'll be travelling around a bit and it'll be a little harder, but... but I've got an answering machine at the college I'll be checking in with. So here's the number.

경비원이 전화기를 든다.

경비원 : (목소리) 네, 로비에 헌팅씨가 와 계신데요.

황혼. 남부 보스턴. 외부
강 위로 보트가 미끄러진다.

낮. 벙커힐 대학. 외부 낮
숀의 사무실. 내부 윌이 숀과 마주 앉아 있다.

숀 : 어디로 정했나?
윌 : 맥닐 사요. 교수님이 소개해 준 곳 중 하나죠. 교수님께는 아직 말씀드리지 않았어요. 직접 가서 말씀드리려고요. 사장이 좋은 분 같았어요.
숀 : 진짜 원하는 일이냐?
윌 : 그런 것 같아요.
숀 : 잘 됐구나. 축하한다.
윌 : 감사해요.
숀 : (벽시계를 보며) 시간이 다 됐구나.
윌 : 이걸로 끝인가요? 치료는 끝난 거예요?
숀 : 그래. 넌 완치됐어. 이제 자유야.
윌 : 저기, 선생님께, 정말…
숀 : 말 안 해도 알아.
윌 : 나중에 또 연락하고 싶은데.
숀 : 나도 그래. 여행하려고 하니까 연락하긴 어렵겠지만, 학교에 응답기를 설치해 둘 거니까 전화해. 이곳으로 전화하면 곧 연락할게.

- **community college**
  지역 사회 대학 (지역 주민의 전문대학 정도의 직업 교육을 하는 기관)
- **done**
  끝난, 마친
  = finished
- **check in**
  체크해서 방에 들이다

I hope we keep in touch.
계속 연락이 되었으면 하는데요.
• keep in touch
접촉을 지속하다

Zoom In

I hope we keep in touch.
계속 연락이 되었으면 하는데요.

Sean hands Will a piece of paper.

SEAN : You call that, I'll get back to you right away. Yeah, you know, I figured I'm just gonna put my money back on the table, and see what kind of cards I get. You do what's in your heart, son. You'll be fine.

WILL : Thank you, Sean.

They embrace.

SEAN : Uh... thank you, Will.

WILL : Hey, does this violate the uh... patient-doctor relation-ship?

SEAN : Naw... Only if you grab my ass.

They laugh.

WILL : Take care.

SEAN : You too.

WILL : Yeah.

Will walks out.

SEAN : Hey.

Will turns around.

SEAN : Good luck, son.

Both men smile.

INT. L STREET BAR & GRILLE. DAY
Will walks into the bar and goes to Chuckie's table.

숀이 윌에게 쪽지를 준다.

숀 : 지금까지 살아오면서 어떤 패를 쥐고 있는지 탁자에 늘어놓고 돌아볼 셈이거든. 네 마음 따라가렴. 그럼 괜찮을 거야.

윌 : 고마워요, 선생님.

그들은 포옹한다.

숀 : 고마운 건 나야, 윌.

윌 : 환자와 의사가 이래도 되는 거예요?

숀 : 내 엉덩이만 넘보지 않으면 괜찮아.

그들은 웃는다.

윌 : 몸조심하세요.

숀 : 너도.

윌 : 네.

윌이 걸어나간다.

숀 : 이봐.

윌이 돌아선다.

숀 : 행운을 빈다.

둘 다 미소 짓는다.

낮. 앨 거리 식당 겸 술집. 내부
윌이 들어와 처키의 테이블로 다가간다.

■ **violate**
위반하다, 위배하다, 범하다
= disregard or act against (something solemnly promised, accepted as right or legal, ect.)

■ grab
〈속어〉 자극하다,흥미를 주다,마음을 사로잡다
= have an effect on, find favor with

You do what's in your heart, son.
네 마음을 따라 가라.
= Choose the way your heart decides to go.
당신 마음 가는 쪽으로 선택해라.

Zoom In

You do what's in your heart, son.

네 마음을 따라 가라.

MORGAN : Two beers!

WILL : What's up? Did you guys go?

CHUCKIE : No. I had to talk him down.

WILL : Why didn't you yoke him?

CHUCKIE : Well, little Morgan's got a lot of scrap to him You know people try to whip his ass every week. Fuckin' kid won't back down.

MORGAN : What're you saying about me?

CHUCKIE : Was I talking to you? None of your fuckin' business.

Billy walks in the door and gives Chuckie a look.

BILLY : Now, go get me a beer!

MORGAN : O ordered two beers!

Chuckie turns to Will.

CHUCKIE : Hey, asshole.

WILL : What, bitch?

CHUCKIE : Happy birthday.

MORGAN : (approaching) Thought we forgot, huh, bitch?

BILLY, MORGAN : Come on!

WILL : I'm going, I'm going.

BILLY : Com'on, motherfucker!

WILL : All right. Who's first?

Laughter as the boys converge on Will. He goes willingly out the door.

EXT. L STREET. CONTINUOUS

As they come out the door, they stop. Morgan goes into his own, personal rendition of "Danny Boy." No one joins in.

모 건 : 맥주 두 개 주세요!
월 : 무슨 일이야? 너희 가 봤어?
처 키 : 아니, 말리긴 했었지.
월 : 끌고라도 오지 그랬어?
처 키 : 한번 한다면 하는 녀석이잖아. 항상 죽도록 맞고도 쓰러지는 법이 없다니까.
모 건 : 내 얘기하는 거야?
처 키 : 너하곤 말 안 해. 상관 마.

빌리가 들어오며 처키를 본다.

빌 리 : 맥주 좀 줘!
모 건 : 벌써 두 잔 주문했어!

처키가 월을 향한다.

처 키 : 야, 인마.
월 : 왜 그래, 짜샤?
처 키 : 생일 축하한다.
모 건 : (다가오며) 우리가 깜빡한 줄 알았지?
빌리, 모건 : 따라와!
월 : 알았다니까.
빌 리 : 빨리, 짜샤!
월 : 좋아. 누가 먼저 덤빌래?

일당이 월에게 달려들자 웃음이 터진다. 월은 기꺼이 문 밖으로 나간다.

외부. 엘 거리. 계속
그들이 문을 나오자 멈춰 선다. 모건이 'Danny Boy'를 자신의 연출로 노래한다. 아무도 가담하지 않는다.

- **I had to talk him down.**
  말려야만 했어.
  • talk down
  말로 (상대를) 제압하다

- **scrap**
  〈속어〉 다툼, 싸움

- **converge**
  모이다, 집중하다
  = (of two or more thing) come together towards the same point

- **rendition**
  연주, 연출
  = a performance of a play or piece of music

None of your fuckin' business.
상관하지마.
= It's none of your business.
= Mind your own business.

Zoom In

None of your fuckin' business.
상관하지마.

WILL : Who's first?

Chuckie indicates an old Chevy, parked illegally in front of the bar.

CHUCKIE : Here's your present. Com'on, bro.

WILL : What?

CHUCKIE : Well, we knew you had to get back and forth to Cambridge for your new job, and I knew I wasn't gonna fuckin' drive you every day, so... Morgan wanted to get youa T pass.

MORGAN : That's not what I was sayin'.

Will approaches the car to take a closer look.

CHUCKIE : But uh... you're twenty-one now, so...

BILLY : You're legally allowed to drink, so we figured the best thing for you, kid, was a car. How do you like it?

WILL : This is, like... it's the ugliest fuckin' car I've ever seen in my life.

BILLY : Come on, brother.

WILL : (serious) How'd you guys do this?

CHUCKIE : You know, me and Bill scraped together the parts, and uh... Morgan was out panhandlin' for change every day.

MORGAN : I had the router to do all the body work.

BILLY : Yeah, I have a fuckin' job too, brother.

CHUCKIE : Yeah. Guy's been up my ass for two years about a job. I had to let him help with the car.

WILL : So, you finally got a job, huh, Morgan?

MORGAN : Yeah, I had one. Now, I'm fucked again.

윌 : 누가 먼저야?

처키가 바 앞에 불법 주차되어 있는 낡은 시보레 차를 가리킨다.

처 키 : 네 선물이야. 빨리 타 봐.
윌 : 뭐?
처 키 : 새 직장인 케임브리지까지 다니려면 차가 필요하잖아. 매일 내가 태워다 줄 수도 없고. 모건은 버스표나 사 주자고 그랬지만 말이야.
모 건 : 그런 적 없어!

윌이 차에 다가가 자세히 본다.

처 키 : 이제 21살이 됐으니까…
빌 리 : 술 이외에 제일 필요한 게 차 같아서 준비했어. 맘에 들어?
윌 : 이거 정말, 이렇게 못생긴 차는 태어나서 처음 봤다.
빌 리 : 어서 타 봐.
윌 : (진지하게) 무슨 돈으로 산 거야?
처 키 : 나하고 빌리랑 부속을 모으고 모건이 매일 구걸 좀 했지.
모 건 : 차체 만드는 기계가 있었거든.
빌 리 : 나도 죽여주는 직업이었지.
처 키 : 그래. 2년이나 그 일 달라고 매달려서 해줬지.
윌 : 그럼 직장을 구한 거야, 모건?
모 건 : 구했었는데 잘렸어.

- **Chevy**
  〈상표〉 쉐보레 (미국 GM사 제작의 자동차 이름)
  = Chevrolet
- **T pass**
  대중교통 정기권
- **scrape together**
  (돈을) 애써서 긁어 모으다
- **panhandle**
  〈구어〉 길거리에서 구걸하다
  = beg, esp. in the streets
- **router**
  홈 파는 기구 (기계)

How do you like it?
맘에 들어?
'여기 맘에 들어?'는 How do you like it here?라고 표현

Zoom In

How do you like it?

맘에 들어?

WILL :	(to Chuckie) So what is it? A lawn mower? What do you got?
CHUCKIE :	It's a straight fuckin' six. Hey, me and Billy rebuilt this engine ourselves here.
BILLY :	It's a good car. The… the engine's good. The engine's good.
CHUCKIE :	Happy 21, Will.
BILLY :	Happy 21, brother.

INT. SEAN'S OFFICE. DAY

Sean is packing up. Lambeau opens the door.

LAMBEAU :	Hi.
SEAN :	Come on in.
LAMBEAU :	Sean, I um…
SEAN :	Me too, Gerry.
LAMBEAU :	Yeah. Good. I heard you're talking some time.
SEAN :	Yeah, Travel a little bit. Maybe write.
LAMBEAU :	So, where're you going?
SEAN :	India and China and Baltimore.
LAMBEAU :	Oh. You know when you'll be back?
SEAN :	(picks up a flyer from his desk) Well, I got this flyer the other day. It says uh… Class of Seventy-Two is having a reunion in six months.
LAMBEAU :	Yeah, I got one of those too.
SEAN :	Why don't you come? I'll buy you a drink.
LAMBEAU :	(smiles) The drinks at those things are free.
SEAN :	(smiles) I know, Gerry. I was being ironical.

Both men laugh.

윌 : (처키에게) 그래, 뭐야? 잔디 깎기? 뭘 한 거야?
처 키 : 이래 봬도 6기통이라고. 빌리하고 내가 엔진을 새로 만들었어.
빌 리 : 좋은 차야. 엔진이 얼마나 끝내주는데.
처 키 : 21살 생일 축하한다.
빌 리 : 축하한다, 인마.

낮. 숀의 사무실. 내부
숀이 짐을 꾸리고 있다. 램보가 문을 연다.

램 보 : 잘 있었나?
숀 : 어서 와.
램 보 : 숀, 난…
숀 : 나도, 제리.
램 보 : 그래. 얼마간 쉴 거라며?
숀 : 응. 여행이나 해야지. 글도 좀 쓰고.
램 보 : 그래, 어디로 갈 건가?
숀 : 인도하고 중국, 그리고 볼티모어.
램 보 : 돌아올 생각은 있는 거야?
숀 : (책상 위에서 안내장을 집는다) 얼마 전에 이 안내장을 받았어. 72년도 동창회가 6개월 후에 있다지?
램 보 : 나도 받았어.
숀 : 그때 보세. 내가 한잔 살 테니까.
램 보 : (웃는다) 그 날 음료는 다 공짜야.
숀 : (웃는다) 알아. 장난 좀 쳐 봤네.

둘 다 웃는다.

■ **lawn mower**
잔디 깍는 기계
= mower
• mower
(풀, 잔디, 보리)베는 사람, 잔디 깍는 기계

■ **six**
6기통 엔진
= a six-cylindered engine

■ **flyer, flier**
전단, 광고지,삐라
= a leaflet which is produced for advertising purposes and is given to people in the street or handed out door-to-door

I heard you're taking some time.
얼마간 쉴 거라고 들었는데.
take에는 '(휴가,오락등을)얻다, 즐기다'의 뜻

Zoom In

I heard you're taking some time.
얼마간 쉴 거라고 들었는데.

SEAN : Oh.

LAMBEAU : How about a drink right now?

SEAN : Yeah. It's a good idea. Com'on. This is on me... I got the winner right right here, pal.

They start to walk out. Sean pulls out his lottery ticket.

LAMBEAU : Oh!

SEAN : Yes, sir. This is the one. This is my ticket to paradise.

They start out to walk up the stairs at the hall.

INT. HALLWAY. CONTINUOUS

On their backs, they walk up the stairs.

LAMBEAU : Sean, you know what the odds are against winning the lottery?

SEAN : What? Four to one?

LAMBEAU : About thirty million to one.

SEAN : I still have a shot, you know?

LAMBEAU : Yes. Just about as big a chance as you being hit by lightning here in this staircase right now.

SEAN : It's a possibility too. I mean, 32 million. If you look at the size...

EXT. SEAN'S APARTMENT. AFTERNOON

Sean's apartment complex is seen as the sun is setting. A bell's tolling sound is heard.

INT. SEAN'S APARTMENT. AFTERNOON

Sean is packing his belongings.

숀 : 아.
램 보 : 지금 한잔하는 게 어때?
숀 : 좋은 생각이야. 내가 살게. 이 복권만 있으면 술값 되는 거 알지?

그들은 걸어나가기 시작한다. 숀은 자신의 복권을 꺼낸다.

램 보 : 아!
숀 : 그래. 당첨될 게 분명하다고. 내겐 낙원으로 가는 티켓이야.

그들은 복도의 층계를 올라가기 시작한다.

복도. 내부. 계속
그들은 층계를 걸어 올라간다.

램 보 : 숀, 복권당첨 확률이 얼마나 되는지 알아?
숀 : 얼만데? 4 대 1?
램 보 : 3천만 분의 1이야.
숀 : 그래도 가망은 있잖아?
램 보 : 그래. 이 계단에서 벼락 맞을 확률만큼은 되지.
숀 : 그래도 가능성은 있잖아. 3천만 분의 1일이라도 말야.

오후. 숀의 아파트. 외부
태양이 지면서 숀의 아파트 단지가 보인다. 종을 치는 소리가 들린다.

오후. 숀의 아파트. 내부
숀이 짐을 싸고 있다.

■ **odds**
가능성, 확률, 승산
= the probability that something will or will not happen

■ **I still have a shot.**
그래도 가망은 있잖아.
• have a shot
한번 해봐

■ **lightning**
번개, 번갯불

■ **apartment complex**
(공공 시설을 건물 부지 안에 갖춘) 아파트 단지

This is on me.
이건 내가 사는거야.
• on
〈구어〉 ~의 부담[비용]으로
• The drinks are on me.
술값은 내가 낸다.

Zoom In

This is on me.
이건 내가 사는거야.

EXT. SEAN'S APARTMENT & STREET. AFTERNOON
The camera cranes down from Sean's window and onto the street, where Will pulls up his car and gets out. He looks up at Sean through the window as he packs his things.

EXT. SOUTH BOSTON STREET. AFTERNOON
Chuckie and the boys drive down the street in the Cadillac. Morgan and Billy ride in the back, leaving the shotgun seat open for Will.

EXT. SEAN'S APARTMENT. AFTERNOON
Will holds an envelope. He slips it in Sean's mailbox and smiles as he looks up at Sean who is still unaware that Will is there.

EXT. WILL'S APARTMENT. AFTERNOON
Chuckie pulls up in front of Will's house. He honks the horn, waits a beat, then gets out and heads toward the house.

EXT. SEAN'S APARTMENT. AFTERNOON
Will drives away from Sean's house. Sean hears the car pull out and looks out the window. Sean sees Will's car pulling away. Curious, he investigates.

EXT. WILL'S APARTMENT. AFTERNOON
Chuckie walks up Will's front steps.

CHUCKIE : (knocks) Will!

EXT. SEAN'S APARTMENT. AFTERNOON
Sean walks out to the sidewalk and looks around. He sees the mailbox. He finds a note and takes it out.

EXT. WILL'S APARTMENT. AFTERNOON
Chuckie knocks on Will's front door. There is no answer. He waits a beat, looks in the window. He finds the room vacant. An incredulous smile slowly starts to form.

CHUCKIE : Will?

Car horn honks. Chuckie walks back towards his car unable to contain the broad smile. He knows Will is gone. He shrugs to the guys.

오후. 숀의 아파트와 거리. 외부
카메라가 숀의 창문으로부터 거리로 이동한다. 거기에서는 윌이 자신의 차에서 내려 창문을 통해 숀이 짐을 싸고 있는 것을 올려다보고 있다.

오후. 남부 보스턴 거리. 외부
처키와 친구들이 캐딜락을 타고 거리를 내려온다. 모건과 빌리는 뒤에 타고 조수석은 윌을 위해 비워두고 있다.

오후. 숀의 아파트. 외부
윌이 봉투 하나를 들고 있다. 그는 숀의 우체통에다 그것을 넣고는 아직도 윌이 거기에 있는지를 모르고 있는 숀을 올려다보며 미소짓는다.

오후. 윌의 아파트. 외부
처키가 윌의 집 앞에서 차를 세운다. 그는 경적을 울리고 잠시 기다리다가 차에서 내려 집으로 향한다.

오후. 숀의 아파트. 외부
윌이 차를 몰고 집에서 멀어진다. 숀이 차가 나가는 소리를 듣고는 창 밖을 내다본다. 숀은 윌의 차가 멀어져 가는 것을 본다. 그는 이상한 느낌이 들어 탐색한다.

오후. 윌의 아파트. 외부
처키가 윌의 집 층계를 걸어 올라간다.

처 키 : (노크한다) 윌!

오후. 숀의 아파트. 외부
숀이 보도로 걸어나와 주위를 살핀다. 그는 우체통을 본다. 그는 쪽지를 발견하고는 그것을 꺼낸다.

오후. 윌의 아파트. 외부
처키가 윌의 집 문을 노크한다. 대답이 없다. 그는 잠시 기다리다가 창문 안을 들여다본다. 의심하는 듯한 미소를 서서히 띠기 시작한다.

처 키 : 윌?

차 경적이 울린다. 그는 노골적인 웃음을 억제할 수 없는 상태로 차를 향해 돌아온다. 그는 윌이 떠난 것을 알고 있다. 그는 친구들에게 어깨를 으쓱해 보인다.

- **crane**
〈영화.TV〉 (카메라가) 크레인으로 이동하다
- **shotgun**
〈속어〉 트럭운전 조수 (석)
- **pull away**
(차, 사람이) (~로부터) 떠나다
- **investigate**
조사하다, 수사하다, 연구하다
- **incredulous**
쉽사리 믿지 않는, 의심 많은, 회의적인
- **contain**
(감정)을 억누르다, 억제하다

Leaving the shotgun seat open for Will.
윌을 위해 조수석을 비워두다.
Shotgun = passenger seat, the front seat
• Ride shotgun
조수석에 타다.

Zoom In

Leaving the shotgun seat open for Will.
윌을 위해 조수석을 비워두다.

CHUCKIE : He's not there.

Morgan takes Will's seat as they pull away from the curb. The song "Miss Misery" starts to run.

I'll fake it through the day

EXT. SEAN'S APARTMENT. AFTERNOON
Sean opens the card Will left for him. It reads:

WILL : (V.O.) Sean, if the Professor calls about that job, just tell him, "Sorry." I had to go see about a girl. Will.

SEAN : A son of a bitch. He stole my line!

A broad smile comes over Sean. This is a look we haven't seen. Sean is truly happy. He goes into the house and closes the door.

MASSACHUSETTS TURNPIKE. SUNSET
Will is on the road, driving away. As ending credits roll, the car disappears into the horizon. The song "Miss Misery" continues to run.

처 키 : 녀석, 집에 없어.

그들이 그곳을 떠날 때 모건이 윌의 자리를 차지한다. 'Miss Misery'란 노래가 흐르기 시작한다.

난 하루 종일 알고 있는 체했어요

오후. 숀의 아파트. 외부
숀은 윌이 남기고 간 카드를 편다. 거기에는 이렇게 적혀 있다.

윌 : (목소리) 선생님, 교수님이 제자리 때문에 전화하시면 죄송하다고 전해주세요. 꼭 잡아야 할 여자가 있거든요. 윌 드림.

숀 : 망할 녀석. 감히 내 흉내를 내다니!

밝은 미소가 숀에게 퍼진다. 이것은 지금까지 보지 못한 모습이다. 숀은 진정으로 행복하다. 그는 집으로 들어가 문을 닫는다.

황혼. 매사추세츠주 유료 고속도로
윌이 차를 몰면서 가는 중이다. 엔딩 크레디트가 흐르면서 차가 지평선으로 사라진다. 'Miss Misery'란 노래가 계속 흐른다.

- **curb**
(보도나 담의 가장자리에 부팅는) 연석

- **fake**
꾸며내다, 날조하다, ~인체 하다, 가장하다

- **A son of a bitch**
〈속어〉 개자식, 개새끼줄여서 S.O.B로 쓴다

- **come over**
(사람)을 엄습하다

- **turnpike**
유료 고속도로(=toll road), 통행료 징수소

- **credits**
크레디트 (출판물, 연극,텔레비전 프로그램 등에 사용된 재료의 제공자에 대한 치사)

Movie Talk 10

인생의 스승을 만나 사랑을 찾는 아름다운 감동의 서정시

그래도 부모는 역시 부모다. 끝까지 아버지의 역할을 하려는 램보는 램보대로 숀은 숀대로 윌을 위해 끝까지 논쟁을 벌인다.

물론 둘 다 옳다. 그러나 숀은 윌의 마음을 정확하게 꿰뚫어보는 인생의 스승이다. 윌은 버림받은 아이로서 방어심리로 똘똘 뭉친 자다. 그런 윌이 '형식'을 쫓는 램보교수 타입이 돼서는 다시 실패의 삶을 살 것이다. 그러므로 자기처럼 진정으로 자신이 좋아하는 일을 하면서 성공한 삶을 사는 것, 그것이 윌이 선택해야 할 길이다. 이들의 설전을 들으면서 등장하는 윌. 그에게 숀은 마지막으로 윌과 같은 위치가 된다. 어린 시절 자신도 고주망태가 된 아버지에게 혁대로 맞으면서 자란 사실을 털어놓는다. 그렇게 마음으로부터 다가갈 수 있는 유일한 사람이 된 숀은 그와 서로의 상처를 들추어내고 아프게 찔러가면서 그들만의 가슴으로 대화를 시작한다. 결국,

윌은 사랑하는 스카일라에게조차 마음을 드러내지 못하지만 숀에게는 이해받고 싶어 한 것이다. 그래서 더욱 허세를 부리고 거칠게 행동했을 것이다. 어쩐지 윌에게 숀은 친아버지 같은 사람으로 비친 것 같다. 언제나 맞기만 하고 학대당하기만 하던 윌에게 숀은 같은 상처를 가진 사람으로서 그를 감싸주고 때로는 질책하고 때로는 지켜보면서 윌의 상처를 치료해 나간 것이다. 숀은 유일하게 윌의 상처를 보듬어줄 수 있는 마음의 의사이며 인생의 스승이 된 셈이다.

결국, 일곱 번째의 상담은 종결단계로서 클라이맥스에 해당한다. 치료의 한 마디는 "그건 네 잘못이 아니야."라는 것이다. 이 한마디 말로 윌은 완벽하게 치료가 된다. 네 잘못이 아니라며 계속 윌을 몰아치는 숀에게 결국 윌은 눈물을 보일 수밖에 없다. 그리고 그의 어깨를 부여잡고 흐느낀다. 숀은 마치 기다렸다는 듯이 그를 꼭 안아준다. 이제 윌은 정신적으로

완쾌된 것이다. 마지막 상담은 인본주의적 상담이 그렇듯이 내담자 스스로 자신에게 맞는 직업을 선택하고 변화하도록 격려하는 것으로 마침내 막을 내린다. 윌에게 충분히 체험시키고 그가 지니고 있는 문제는 외부의 대상에 있는 것이 아니라 애정결핍에서 오는 것이기에 내담자 탓이 아니란 것을 상담자가 일깨워준 것이다. 물론 이때 등장하는 친구(처키)가 내담자의 갈등이 헤쳐나갈 길의 방향을 암시적으로 알려주는 것도 인상적이다. 상담자는 내담자에게 인간적으로 그에게 붙어 다니는 편견이나 기록이 중요한 것이 아니라 자신의 의지가 중요함을 완전히 공감시킨다.

이제야 관객에겐 윌과 숀, 그리고 숀과 램보 교수 사이에 있었던 많은 아픔과 상처가 보이는 것 같다. 물론 어떤 면에서 이 영화의 진한 감동을 불러일으키는 숀과 윌이 수행하는 결말이 정해진 상담이 아닐 수도 있다. 윌과 대화를 나누면서

과거의 고통을 떠올리는 숀이나 눈물을 흘리는 윌을 가슴에 안으며 "네 잘못이 아니야."라고 속삭이는 것도 이미 익숙한 광경일 수 있다. 이 작품을 정말 '착한' 영화로 만들어주는 것은 윌과 처키의 우정이 아닐까? 보스턴 빈민가 출신인 두 사람은 터무니없는 소리를 지껄여대면서도 서로를 지켜봐 왔다. 처키에게 가장 행복한 순간은 윌의 집 대문에서 현관문을 두드리기까지의 10초간이다. 자신과는 다른 능력을 지니고 있는 윌이 제발 떠났기를 간절히 바라며 행복감에 젖는 것이다. 그는 속물처럼 "나는 네 고통을 이해해."라고 떠벌리지도 않는다.

윌은 지금까지 버려지기만 했다. 받아들여지기도 전에 버려졌고 외면받았다. 숀은 그런 윌의 마음을 이해하는 유일한 사람이 된 것이다. 윌이 왜 힘든지 왜 그렇게 마음을 닫으려 하는지 유일하게 알아낸 사람이기도 하다. 아마도 윌을 따뜻하게 안아준 것도 윌의 친구들을 빼면 숀이 처음이었을 것이다.

다시 면접을 보러 가는 윌. 결국은 램보 교수가 정해준 맥닐사로 결정했음을 숀에게 알린다. 마지막 만남이 온 것이다. 이제 윌은 완치가 됐다. 자유롭게 훨훨 날아갈 수 있다. 환자와 의사는 뜨거운 작별인사를 나눈다.

친구들은 그의 새 직장과 21세가 된 성년 축하 기념으로 고물차를 조립해 선물한다. 역시 마지막까지 친구의 우정은 값어치가 있다. 진정한 삶을 살아갈 줄 아는 성년이 된 때는 그의 나이가 21세가 되어 성년이 된 시기와 일치한다. 숀 역시 윌의 상담을 통해 새로 태어난다. 아마도 여행을 떠나 잠시나마 자신만의 영혼의 반려자를 그리워할 것이다. 그는 램보와도 화해의 이별주를 마신다. 그러나 짐을 싸는 그 앞에 다시 나타나는 윌. 그는 결국, 숀의 '친자식'처럼 영혼의 짝을 찾아 스카일라를 향해 떠난다. 이렇게 그들은 방향은 다르나 여행을 떠나는 것이다. 숀이 월드 시리즈까지 놓치면서 잡아야 했던 여자. 결국 윌도 좋은 직장을 마다하고 꼭 잡아야 할 여자를 찾아 고속도로를 달려간다. 그 뒤로 만족스러운 웃음을 짓는 숀, "망할 녀석, 감히 내 흉내를 내다니!" 때마침 흐르는 'Miss Misery'라는 노래가 석양이 지는 저녁 하늘에 감상적으로 울려 퍼진다. 스카일라를 다시 만나 행복한 시간을 즐길 윌을 생각해 보라. 이전의 거칠고 마

“It’s not your fault.”

음을 닫은 그런 윌이 아니라 진정으로 스카일라를 사랑하고 여유를 찾아가는 그런 윌을 말이다.

결론적으로 이 영화는 노동자 계층 출신의 청년이 성장 과정에서 왜곡된 심리상태를 극복하여 진정한 모습을 찾아가는 과정을 감동적으로 그린다. 영화 속에서 제시되는 자아 성장의 과정은 아주 짧아서 비약하는 삶의 단면들을 보여주고 있다. 어찌 보면 이 작품은 한 인간이 스

스로 자기 자신을 이해하고 깨달아 나가는 과정상의 에피소드를 제시하는 평범한 영화라고 할 수도 있을 것이나 그 전개과정의 표출을 삶의 여러 차원과 측면에서 교육적 관점으로 잘 드러내고 있다. 관객 모두는 내담자로서 윌과 숀, 윌과 스카일라, 윌과 처키 등 친구, 숀과 램보의 관계에서 중요한 교훈을 얻었으리라.

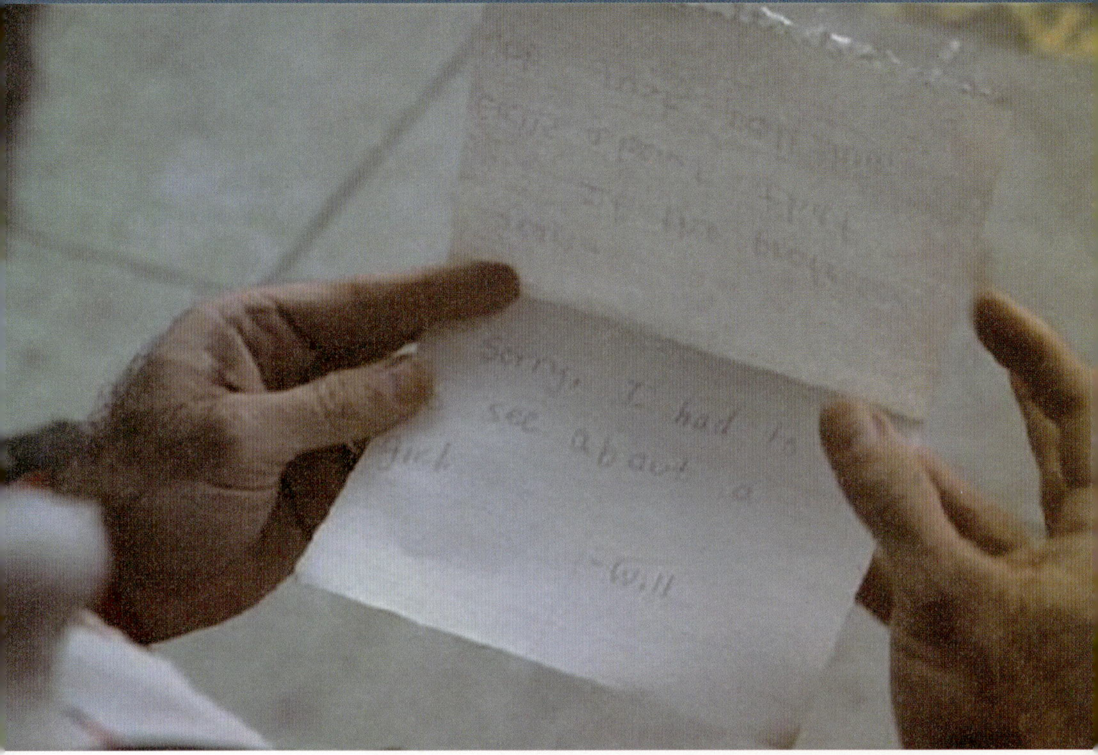
Sorry, I had to
see about a
girl
-Will